U0006617

神經傳播學
札記

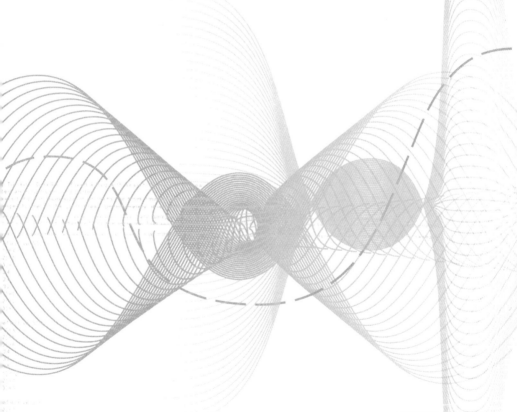

邱勝安 著

臺灣商務印書館

萬卷書籍，有益人生
——「新萬有文庫」彙編緣起

　　台灣商務印書館從二○○六年一月起，增加「新萬有文庫」叢書，學哲總策劃，期望經由出版萬卷有益的書籍，來豐富閱讀的人生。

　　「新萬有文庫」包羅萬象，舉凡文學、國學、經典、歷史、地理、藝術、科技等社會學科與自然學科的研究、譯介，都是叢書蒐羅的對象。作者群也開放給各界學有專長的人士來參與，讓喜歡充實智識、願意享受閱讀樂趣的讀者，有盡量發揮的空間。

　　家父王雲五先生在上海主持商務印書館編譯所時，曾經規劃出版「萬有文庫」，列入「萬有文庫」出版的圖書數以萬計，至今仍有一些圖書館蒐藏運用。「新萬有文庫」也將秉承「萬有文庫」的精神，將各類好書編入「新萬有文庫」，讓讀者開卷有益，讀來有收穫。

　　「新萬有文庫」出版以來，已經獲得作者、讀者的支持，我們決定更加努力，讓傳統與現代並翼而翔，讓讀者、作者、與商務印書館共臻圓滿成功。

台灣商務印書館董事長　王學哲

自　序

這是國內第一本有關「神經傳播學」的書，也是我二十多年心血的作品。當它付梓時，我不禁「手之舞之，足之蹈之」，心中那份喜悅，實在不是筆墨所能形容。

我之對認知神經科學，及神經傳播學發生興趣，是在1981 年的事。屈指算來，已有三十年的歷史了。

那年，諾貝爾生理醫學獎頒給三位神經科學家，他們是：加州理工學院教授史派利（R. W. Sperry）、哈佛大學教授胡伯爾（D. H. Hubel）與維瑟爾（T. N. Wiesel）。他們都對大腦的研究，有特殊的貢獻。他們發現，人類左右腦功能不同，各有專司；而神經細胞可以將由眼睛所接受的光線形式、明暗度及色彩，轉換成腦子所覺察的圖形；不僅此也，神經節細胞能將訊息，以光點形式，傳送到一個中途站──側膝核（側膝狀體），再以相同方式，傳遞到大腦視覺皮質區，引起視覺。

左右腦的功能如何不同法？而側膝核到底是什麼東西？竟然是神經傳導訊息的中途站？當時引起我很大的興趣。因為這跟傳播學有關係。於是我「上窮碧落下黃泉」，開始閱讀一些有關大腦研究的文獻。等到我看了兩位美國科學記者約翰・霍根（John Horgan）所著的《科學之終結》，柯圖拉克（R. Kotulak）所著的《腦力大躍進》兩書，及牛津大學教授格林菲爾德（S. A. Greenfield）所著的《大腦小宇宙》、哈佛大學教授 S. W. Kuffler、J. G. Nicholls、A. R. Martin 等合著的《神經生物學──從神經元到大腦》等書後，給我很大的啟示。

而那時，我正參與《重修臺灣省通志》——〈大眾傳播事業篇〉的編修工作。

現代神經科學的研究，於 1950 年代邁向嶄新的里程。1953 年發現 DNA 的雙螺旋鏈結構，接下來又破譯基因密碼，解開基因訊息世代相傳之謎。分子生物學至此開始積極探索三個重要問題：其一是，生命是如何開始的？其二是，單一受精細胞如何發展成為多細胞有機體？其三是，中樞神經系統如何處理訊息。找出這些問題的答案，恐怕還有一段漫長的路要走。而有些著名的科學家則把重點放在「中樞神經系統如何處理訊息」上，以及如何解開「意識」的奧秘。

「意識」這東西，人類已經討論了二千多年，可以說是「公說公有理」、「婆說婆有理」，莫衷一是。1989 年，英國牛津大學物理學家潘洛斯（Roger Penrose）出版新著《皇帝新腦》（*The Emperor's New Mind*），提出了石破天驚的看法。這書在紐約時報高掛暢銷排行榜達數月之久。

現代物理學有兩大理論：一是量子力學，描述電磁力與核力；二是廣義相對論，可稱之為愛因斯坦的重力理論。愛因斯坦和無數後輩物理學家花了很大力氣，希望把兩大理論融合成為單一而天一無縫的「統一場論」，可惜徒勞無功，因而有「超弦（superstring）理論」的提出。潘洛斯推論，解開意識之謎的關鍵，就藏在兩大理論的間隙之中。他在書中大略描述統一場論的可能面貌，及其觸發人類思考的可能方式。他陳述外在量子滲過大腦的重力效果，卻講得晦澀不明，迂迴曲折，得不到物理學與神經科學上的證據支持。不過，萬一他對了，鐵定得諾貝爾獎。事實上，許多諾貝爾獎得主，已經匯集心力，致力於神經科學的研究，期能解開「意識」之謎。

　　1992 年，我卸下臺灣新生報社長職務後，有較多的時間，研讀自己喜歡的學問。一方面到靜宜大學講授大眾傳播學與行銷傳播學，一方面應《新聞鏡雜誌》的邀請，每週撰寫一篇「無所不談」專欄。主要內容當然與新聞、傳播有關。間或天南地北，海闊天空，真個「無所不談」。數年下來，累積文稿竟達二、三十萬字之多，也就是這本書的部分內容（又增訂了一部分）。可惜的是，隨著創辦人歐陽醇教授的逝世，《新聞鏡》不久也就停刊了，這是很可惜的。

　　一天下午，我散步走到北投捷運站的人行道上，思考如何充實傳播學的內涵。剎那間，腦中靈光一閃：傳播學與神經科學結合，豈不妙極？我常想，傳播學一向與政治學、社會學，心理學、經濟學結合，吸取它們的精華，以為己用，搭建起理論架構。例如李普曼、拉斯威爾、派深思、拉查斯斐爾、魯溫、賀夫蘭、賽蒙等先驅學者，那一個不是在他們各自的學術領域裡，有了卓越的成就。而為了解答他們本行的一些問題，都曾在傳播的交叉路口逗留了一段時日，而發展出傳播理論的柱石。如今現代神經科學發展到這個程度，傳播理論正該吸納其精華，充實其內涵。因為神經科學研究的重點之一，正是「中樞神經系統如何處理訊息」的問題。

　　其實，我們每個人身上，都擁有兩種資訊系統；就是神經資訊系統與荷爾蒙資訊系統。神經系統常被比作電話交換系統。大腦和脊髓有如交換中心，而神經纖維有如電話線，將訊息傳入或傳出；至於身體內外訊息，也會刺激神經細胞，分泌荷爾蒙（激素）。荷爾蒙滲入血液中，充當傳遞資訊的郵差，跟著血液循環送到全身各部位，引發反應。例如性荷爾蒙會促進性活動；正腎上腺素若分泌過高，容易暴怒，就是最明顯的

例證。

　　總之，現代神經科學的發展，已給資訊傳播帶來了極高的滋養成分。傳播理論與神經科學結合，必將使其研究登上喜馬拉雅山的高峰，這是不言而可喻的。這書在付梓之前，我看到了劍橋大學天文物理學權威霍金教授，在 2005 年出版的《時間新簡史》一書，確認宇宙年齡為一百三十七億年；而宇宙不斷的「加速」膨脹擴大，可能即因「暗能量」存在的影響（見〈科學之終結〉一文），凡此均予納入；另外又趕了幾篇有關腦波與傳播效果的文章，以增特色。其所以如此，是因為許多科學家，包括宇宙學家、物理學家、生物學家、神經科學家，目前正雄心勃勃的追尋統攝萬有的理論，也就是「統一場論」；而人工智慧機器也有驚人的發展。或許有一天，人工智慧會把整個宇宙轉換成巨大的資訊處理網。網中乾坤大，所有物質、能量、在此轉換成「心靈」，也說不定。當然到目前為止，這只是一種夢想，不夠科學，但足以挑起一些有趣的問題。現在人類已能利用聲波及光波傳播訊息，科幻小說也能化為現實，誰又敢說宇宙資訊處理網不可能形成呢？

　　哲學家方東美教授說得好：「老鷹孤寄長空，但求載取斷雲，在遼闊的學海裡，留下幾點輕痕而已。」或許這書能有拋磚引玉的效果，我馨香以禱。

　　　　　　邱勝安　自序於久堂山莊　　2011. 4. 18.

目　次

自　序／I

第一部　緒論——傳播學的十位宗師　001
　　*1.*李普曼 003／*2.*拉斯威爾 004／*3.*拉查斯斐爾 005／*4.*魯溫 006／*5.*賀夫蘭 007／*6.*米德 008／*7.*派深思 010／*8.*賽蒙 013／*9.*卡夫勒 014／*10.*宣偉伯 015

第二部　資訊、大腦與傳播系統　023
　　*1.*大腦就是傳播網、神經元為傳播站 024／*2.*揭開左右腦的奧秘 028／*3.*訊息、大腦與傳播 032／*4.*奇妙的「第六感」——「費洛蒙」 034／*5.*「心腦」有別於「大腦」獨立運作——「心臟神經學」 036／*6.*神奇的讀腦機 039／*7.*人類基因圖譜出爐，提供治病延壽遠景 041／*8.*基因與資訊傳播 044／*9.*意識狀態的化學解讀 047／*10.*資訊的心流歷程 050／*11.*深入人類心靈領域 052／*12.*神經生物學與傳播 054／*13.*腦力躍進的奧秘 059／*14.*心像與個人建構論 060／*15.*賽蒙與訊息處理 062／*16.*創造力與訊息傳播 065／*17.*訊息處理與精神分析 070／*18.*談「大腦小宇宙」 074／*19.*談神經心理學 077／*20.*從心理學到人格理論 079／*21.*榮格與佛洛伊德 080／*22.*超右腦革命 083／*23.*「學習革命」 080／*24.*腦內革命的啟動 082／*25.*高峰表現的心靈——「覺醒之心」 084／*26.*孫悟空的「意義構成」 092／*27.*狂人賓拉登的異象 094／*28.*馬斯洛與資訊傳播 096

／29.神奇的心電感應 099／30.康德與李普曼 101／31.派深思與狄福樓 103／32.資訊經濟學的年代 104／33.資訊與知識形成「智慧資本」 106／34.資訊自由與個人隱私 110／35.解析《數位麥克魯漢》 113／36.莎翁的傳播公關理念 116／37.活到一百二十歲不是夢 118／38.數位神經系統的明日世界 120／39.2020 年的世界 123／40.資訊新未來 125

第三部　傳播另一章——書海散記　127

1.科學的終結？ 128／2.改變歷史的書 130／3.改變歷史的經濟學家 132／4.經濟學泰斗薩穆爾森 135／5.克魯曼的光環 137／6.「科學大哉問一〇一」 142／7.「第三種文化」的形成 142／8.文化的擴散與衝突 145／9.巨變時代的管理——重視資訊與知識 147／10.企業的策略革命 150／11.企業文化與企業願景 152／12.孫子兵法與公共關係 154／13.不世出奇才——丹皮爾 156／14.曠世奇女子——人類學家米德 158／15.《世紀之書》經典巨著 160／16.西方社會學名著 163／17.西方管理學名著 167／18.賽蒙與杜拉克 171／19.神經科學影響教育 173／20.音樂與腦波 174／21.紐約時報百年書評精選 176／22.《春秋》與《神曲》——兩部警世傳播經典 180

第四部　傳播研究的演進與展望　183

1.社會學崛起的影響 185／2.科學心理學的應用 191／3.「心像理論」的提出 194／4.「魔彈說」的威力 197／5.媒介真那麼有效嗎？ 199／6.社會分化論的衝擊201／7.社會

關係論的興起 203／8.兩級傳播成為典範 204／9.議題設定
建構環境 208／10.媒介系統依賴論 212／11.訊息處理系統
出爐 214／12.國家發展理論 215／13.文明發展綱領 217
／14.創造力：挑戰與反應 219／15.現代化的動力 221
／16.從殷尼斯‧麥克魯漢到塔福勒 226／17.「地球村」
的形成 228／18.神經傳播學應運而生 231

附錄：大眾傳播學綱要　　233
後記　　245

第一部

緒論
——傳播學的十位宗師

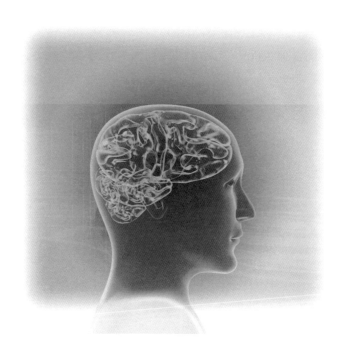

　　胡適之先生說：「大凡一種學說，決不是劈空從天上掉下來的。」定可尋出許多前因，許多後果；不是來無蹤影，去無痕跡的。哲學如此，大眾傳播學當然也是如此。

　　大眾傳播學的興起，是二十世紀二〇年代的事，它自有其時空背景。這一門新興的社會科學，它的理論、內涵，還在不斷的累積、擴大之中。但從現有的文獻來看，已足以構成一門獨立的新興學問了。

　　這就正如唐代大詩人——杜甫的〈望嶽〉詩所說的：「岱宗夫如何？齊魯青未了；造化鍾神秀，陰陽割昏曉。……會當凌絕頂，一覽眾山小。」詩中「岱宗」是指泰山。古人一直認為泰山是天下最高的山，高聳入雲，登上泰山絕頂，才能看出群山的渺小。傳播學的演進與發展，亦可作如是觀。

　　在學術領域裡，不論是自然科學或社會科學，它們的興起也都是漸進的、累積的。生物學如此，醫學、物理學、化學、天文學莫不如此，就是社會學、經濟學、心理學、政治學也都如此，大眾傳播學自然也不例外，而且目前已成為全球風行的一門顯學。因為它與政治、經濟及個人的現代生活有密切關係的緣故。如果沒有大眾傳播媒體，現代人的生活會變成什麼情況，真是令人難以想像。

　　現代大眾傳播學的研究，有幾位大宗師，值得我們大書特書。這些大宗師之中，有的是社會學家、有的是心理學家、有的是政治學家，有的是神經科學家。他們都在各自的學術領域裡，獲有卓越的成就，但由於「傳播是一個根本的社會過程」，為了解答他們本行的一些問題，在「傳播的交叉路口」逗留了一段時日後，就紛紛返回原來的崗位上去了。然而

他們為傳播理論的研究，篳路藍縷，開疆闢土，卻成了這門學科的基礎。就中只有宣偉伯一人，畢生精力，盡瘁於斯，無怨無悔，集傳播理論研究之大成，才有今天的大眾傳播學。

這幾位傳播研究的大宗師是：李普曼（Water Lippmann）、拉斯威爾（Harold Lasswell）、拉查斯斐爾（Paul F. Lazarsfeld）、魯溫（Kurt Lewin）、賀夫蘭（Carl Hovland）、米德（George H. Mead），派深思（Talcott Parsons）、賽蒙（Herbert A. Simon），卡夫勒（Stephen Kuffler），以及宣偉伯（Wilbur Schramm）等人。

1. 李普曼

李普曼是美國社會心理學家、新聞學家及民意專家。1922 年出版他的名著《民意》一書，提出「心像理論」，可說是傳播理論的開山巨著。三十三年之後，美國認知心理學家喬治・凱利（George Kelly）則提出「個人建構論」，兩人可謂後先輝映，相得益彰。

李普曼強調：外在世界的環境，經過媒介的選擇、過濾，傳送到人們跟前，建構心像，影響人們的認知與行為。所以媒介具有塑型作用，而心像的形成受著參考架構、價值觀念、期望及信仰等因素的影響；受者一方面以心像為標準，來組織和解釋一切訊息，一方面以新訊息來重組或維持心像，故心像是動的。

凱利於 1955 年出版《個人建構心理學》，說明人格的形成及發展。所謂人格建構，就是用以解釋或預測經驗的觀念或想法。凱利以為，人對環境有主動「形成觀念」的能力，而不

僅在對環境作出反應，也能對環境作出解釋、再解釋；人生就是在對外在世界形成概念或建構意義，使人不斷造就自己。這與李普曼的「心像理論」，真有異曲同工之妙。

「心像理論」提出六十年後，更獲得神經科學驗證的支持。1981 年兩位神經科學家——哈佛大學教授胡伯爾（D. H. Hubel）與維瑟爾（T. N. Wiesel），因之而獲得諾貝爾獎（他們還發現，腦內的側膝核為傳播的中途站）。

2. 拉斯威爾

他是一位猶太裔的政治學家，自歐洲移民美國後，畢業於芝加哥大學。當他的論文〈世界大戰中的宣傳技術〉在1927 年以書本的形式出版時，杜勒斯（F. R. Dulles）在《戰爭與和平的難題》一書中，認為它應該「馬上被銷毀」。因為它像魔彈一樣，具有極大的殺傷力。這正足以代表第一次世界大戰以後，一般人對「宣傳」所持的心態。時人認為宣傳的威力銳不可當，敬畏中多少帶有負面的評價。大眾傳播工具如果落在惡人手中，那將不堪設想。

拉斯威爾其後任教於耶魯大學，一直到退休為止。他所研創的科學「內容分析法」，至今仍為社會科學界所廣泛採用。在傳播理論方面，他的研究側重宣傳，政治傳播，以及傳播在國家與社會中的功能方面。他的重要著作有：

——*Propaganda Technique in the World War*, 1927.

——*The Structure and Function of Communication in Society*, 1948.

宣傳當然有其重大效果，但四〇年代以後，在美國從事

的一連串實證研究中，並未能證實宣傳──大眾傳播的效果真如子彈一般無堅不摧，無遠弗屆，主要原因在於多元化社會中，傳播頂多只能「勸服」，而不能「洗腦」。納粹的宣傳部長戈培爾（Joseph Goebbels）就曾說道：「宣傳要有效，它後面永遠必須有一把尖銳的劍支撐著。」納粹德國的宣傳就是以恐怖和武力做後盾的。

3. 拉查斯斐爾

出身於維也納，原為數學家，是維也納學派的大將。1932 年到美國講學後，改行為社會學家。他創辦了哥倫比亞大學的「應用社會研究所」（Bureau of Applied Social Research）。他是研究方法學的巨擘，與社會學理論家墨頓（Robert K. Merton）共事數十年，相得益彰。他們造就了一群極為優秀的學生，在傳播研究方面都有深遠的影響，享譽學術界。例如凱茲（Elihu Katz）和柯列伯（Joseph Klapper）就是。

拉查斯斐爾是用調查方法來研究無線電廣播對聽眾的效果，以及瞭解聽眾本身；其後擴及於選舉與購物行為，以及媒體與人際親身影響的比較。他的重要著作有：

──*The People's Choice, 1948.*

──*Mass Communication, Popular Taste, and Organized Social Action, 1948*

──*Communication Research, 1949*

從拉查斯斐爾的研究中發現，人際親身影響的重要性，也發展出「兩級傳播」理論，支配傳播研究歷數十年，成為最

具影響力的典範。

4. 魯溫

　　出身於維也納，是位格氏心理學家。在德國柏林大學建立起他的學術地位。1930 年代移居美國後，任教於愛荷華（Iowa）大學，其後在麻省理工學院創辦「團體動力研究中心」，他死後這個中心遷移到密西根大學。

　　魯溫係採用實驗法，來探求團體壓力、團體規範、團體角色對團體分子的態度和行為的影響。

　　他同時也是心理學上「場域理論」（Field Theory 或稱情境論）的開山大師。場域理論起源於二十世紀初葉的物理學界，受愛因斯坦相對論的影響很大。愛因斯坦認為太空中具有磁力和緊張關係，整個體系的動能源於該體系的組合及運動。基於這個理念，魯溫認為每一社會心理事件的各種特性、取決於事件所處的整體情況之中，其任何變化亦取決於場域中既存的特性。他特別強調行為的動機、目的和目標。魯溫運用場域理論，分析個人及群體內部存在著三種衝突：

　　——選擇性衝突：即中國人所說的「魚與熊掌，不可得兼」。例如一個女孩有兩位男友，接近了甲，心理距離就縮短，吸引力就強，對乙則反是；反之，亦然。因為個人與群體內部，有著選擇性衝突，所以顧此失彼，顧彼失此，必須有所抉擇。

　　——逃避性衝突：就是古人所說的「前門有狼，後門有虎」。個人與群體之間，因為面臨兩個負向的驅力，所以構成均衡狀態。例如接近了厭惡的甲方，負向驅力就越大，而迫使

個人逃避甲方；然而當他逃避甲方時，又接近了厭惡的乙方，負向驅力也越來越大，因而也迫使他逃避乙方。換句話說，就是要逃避甲方，也要逃避乙方，因此，只好維持現狀，保持均衡情境。

——兩難的衝突：個人與群體之間，經常有兩難的衝突。古人所謂「食之無味，棄之可惜」，就是這個道理。例如結婚的婦女，對婚姻不滿，但因對方有錢有勢，可以生活無虞；或者因為有兒有女，為兒女健康生活著想；或者因於禮教，能忍則忍，而不願離異。此種情況，見諸於「老夫少妻」者甚多。在價值的考量下，只好隱忍了。

因為個人與群體內部，存在著以上三種衝突，所以整體情況的變化，往往影響個人的行為動機、目的或目標。

魯溫因是著名的格氏心理學家，著作很多，在傳播研究方面，其代表作則為：

——*Group Decision and Social Change, 1958.*

而他的學生，其後成為著名的傳播學者的有：

——Leon Festinger, *"A Theory of Cognitive Dissonance."*, 1957.

——Dorwin Cartwright, *"Some Principles of Mass Persuasion."*, 1949.

5. 賀夫蘭

他是美國人，出身於耶魯大學，第二次世界大戰時參加美軍，做了很多心理研究工作。戰後返回耶魯，主持「傳播與態度變遷研究計畫」。在洛克斐勒基金會的贊助下，他結合了

三十多位科學家，前後共進行了五十多次的實驗，歷時十五年，這就是著名的「耶魯研究」。不過他自己也承認，「涉及動機和情感因素時，運用較符合真實情況的研究方法（意指調查研究方法等），要比在實驗室中操作自然多了。」由於實驗法與真實情況的結果，可能有所不同，而且「耶魯研究」中沒有政治學者與經濟學者參與，在平衡與整合的觀點下，難免有遺珠之憾。他的主要著作有：

——*Communication and Persuasion, 1953.*

——*Experiment on Mass Communication, 1949.*

——*The Order of Presentation, 1957.*

——*Personality and Persuasibility, 1959.*

耶魯研究規模相當龐大，雖然整個研究計畫隨著賀夫蘭於 1961 年的逝世而結束，但是它的影響力仍然存在。現在態度變遷和勸服等都已成為傳播界耳熟能詳的專有名詞了。

6. 米德

米德是芝加哥學派形象互動理論（Symbolic Interactionism，或稱人際交流理論）的開山大師。他是一位社會心理學家，他的形象互動理論，正是傳播過程與效果的有力詮釋。

米德於 1863 年生於美國麻省，1883 年畢業於俄亥俄州奧柏林學院，1887 年進入哈佛大學專攻哲學，翌年轉至德國進修，1891 年受聘任教於密西根大學哲學心理學系，並認識了庫里（C. H. Cooley）、杜威（J. Dewey）等著名學者。1892年應杜威之邀，轉到芝加哥大學任哲學系教授，直至 1931 年逝世為止。米德在芝加哥大學任教四十年中，將形象互動理論

作有系統的整理。因其桃李滿天下，籠罩美國社會心理學界，影響及於各地。唯一遺憾的是米德理論以口相傳，終其一生未曾有系統的寫作。他去世後，他的學生各自建立門戶詮譯其理論，形成許多學派。其中，以布魯姆（H. Blumer）被一致公認為米德的嫡傳弟子，對其理論詮釋很多。

米德強調，人類具有自我（Self），亦即具有自我反省能力，能夠以一己為物，建立自我觀念，對自己本身產生許多意見和行為。正如人際交往，個人與其「自我」也產生不斷的交流活動。

米德認為，個人與外界的接觸，必須透過自我反省的途徑。在個人自我對話的過程中，個人對自己指示外界事物及別人行為的意義。個人透過主動思索、詮釋，而後產生反應。

他將個人的心靈劃分為兩部分：一是感受外界刺激的個體，當感受刺激之後，遂向心靈的另一部分「受我」（Me）傳達，解釋外界刺激的意義及目的。透過自我對話（思考），闡釋外界刺激意義之後，乃產生對應的行為。如果外界的刺激沒有透過個人自我反省的過程，不會對個人發生作用，個人也不會產生反應。

在米德看來，人類的互動，是藉著形象（Symbol）來表達的，語言、文字、符號、手勢等都是形象。有了這些，人類社會才能互動。人們的思想、觀察、測聽、行動等都是經由形象來表達。個人經由形象的互動，才能將外界的情境構成主觀意義。

米德的理論大都是課堂上的講稿，經由學生整理成書出版的。較重要的著作包括：

——*Mind, Self & Society, 1943.*

——*The Philosophy of the Act, 1938.*
——*Selected Writings, 1964.*

　　形象互動理論應用到傳播學上，可以得到很好的詮釋。因為傳播行為實際上就是形象互動。它把觀點和互動認為是人類行為的兩個重要變數。個人對外界刺激所持的觀點不止一種。個人觀點在某一情境裡可能是某一種形態，但在另一情境裡，則可能改變成另種形態。這些觀點是用來作為個人反應指導原則的。

7. 派深思

　　派深思是哈佛大學「結構功能」學派的開山鼻祖。在社會學的領域裡，獨樹一幟，影響深遠。他雖沒有在傳播的交叉路口逗留一段時日，但他強調的角色功能對於社會變遷的影響，以及社會體系之間的互動關係，與幾位傳播大師的研究成果，有異曲同功之妙，對於傳播效果的解釋，發揮了很大的作用。

　　派深思於 1902 年出生於美國科羅拉多州。在新英倫的阿姆赫斯特大學主修生物學，獲得文學士學位。其後遠渡大洋到倫敦政經學院深造，得到人類學大師馬林諾夫斯基教授的指點，知道研究初民社會時，著重功能入手方法。又由英國到德國，在海德堡大學獲得博士學位。從 1927 年起他開始在哈佛大學任教。先擔任經濟學系講師，1931 年轉至社會學系，十四年後才升任教授。1946 年社會學系改組為社會關係學系，包括原來的社會學系、人類學系、心理學系以及醫學院的病理心理學，他擔任第一任系主任，而發展出他那體大思精、無所

不包而結構嚴謹的新理論。學術界稱之為結構功能學派或功能學派。

　　在派深思看來，「結構具有功能」；社會制度是指一群相互關聯的社會角色。因此，社會結構是指一個體系裡各部門間的關係，為功能的所在。社會結構的骨幹乃是由一群行動體系所組成。行動體系包括生理體系、心理體系（或謂人格體系）、社會體系及文化體系等四個層次，每一層次為一體系，在程序上由生理而上至文化。上一級控制下一級體系，例如心理體系可以控制生理體系，社會體系決定心理體系，文化體系則從價值觀念對社會體系發生指導作用。在這四個層次的總理論中，角色乃是由於文化所界定的價值觀念所組成的個人行為，這在社會體系中就是個人的社會行為。身份角色是社會體系和心理體系的接合點，在個人為人格，在社會為這一人格所有的身份和所扮演的角色。因此，社會行為的基本單位就是角色。每一社會體系或附屬體系都有一組分門別類的角色。例如在家庭之內，有「夫」和「妻」的角色，也有「父」和「母」的角色。每個人同時扮演不同的角色，或者可以說是因不同的對方而決定其所扮演的角色。在夫面前是妻，子女面前就是母。又如家庭有家庭的角色，政府有政府的角色，家庭如何與政府配合，都是互相有所期待的，從而構成一個複雜的角色網。研究社會結構即在研究角色，大群或小群中的角色。

　　歸納派深思的理論，我們可以得出幾個要點：

　　──每一體系內的各部門，其功能是相互關聯的，某一部門操作，需要其他部門的合作配合。當某一部門異常時，其他部門可以填修補正。因而每一體系內的組成單位通常是有助於該體系的持續操作。

　　——大多數的體系對其他體系都有影響，可被視為整個大體系的附屬體系。體系是穩定和諧的，總是朝向均衡的狀態運行。

　　——整合是各部門之間相互影響的結果，促成某種程度的和諧性；用以維持體系的生存；均衡是社會體系運行的最終目標。在均衡狀態下，社會是整合而沒有衝突的，其體系內即使有變動，也是緩慢而有秩序的。因此，社會文化的變遷只不過是社會體系裡一種調整和局部性的，無損於整個社會體系的整合與均衡。

　　——訊息理論（information theory）：派深思以訊息理論展現出模控學（Cybernetics）。他把訊息與社會變遷結合在一起。他指出，「文化體系」對行動具有優勢的控制功能；而訊息與能量的交換，產生了體系裡的行動或過程。進一步說，在模控學中，一個基本的原理是，擁有較多訊息的體系元素，控制著擁有較高能量的元素。制約行為的因素就是提供能量的元素。因此，生物有機體是人格系統的能量供應者，而人格系統也供應能量給社會體系；社會體系在組織地位——角色中，提供文化體系以能量條件。相反的，文化體系供給社會體系的是作為規範的價值取向，而社會體系又將它結合組成規範，控制行動者的角色扮演。而行動者又提供訊息，控制人格的動機及個別的決策過程。最後人格系統再提供訊息性的控制，控制行為有機體的生理及神經過程。

　　由於派深思精通生物學與人類學，所以他的訊息理論，涵蓋了生理體系、心理體系、社會體系及文化體系等四個層次，從天空俯瞰大地，真是體大思精，對傳播研究開創了一個新天地。

派深思的主要著作有：

——*The Structure of Social Action, 1937.*

——*The Social System, 1951.*

——*The Evolution of Societies, 1977.*

——*Social System and the Evolution of Action Theory, 1977.*

8. 賽蒙

賽蒙（有人譯為西蒙）譽滿經濟學界及社會科學界，或許是因為榮獲 1978 年諾貝爾經濟學獎的緣故，反而掩蓋了他在其他學術領域的成就。其實，賽蒙是認知心理學與人工智慧的開山大師。他的訊息處理模式，迄今猶籠罩著傳播學界及電腦科學界，無法擺脫其影響。更重要的是，也改變了人類的生活方式，甚至發展出新文明。

賽蒙在 1950 年代，也就是他在四十歲前後（他生於 1916 年），就與紐厄爾（A. Newell）共同創建了訊息處理心理學，提出了「物理符號系統假設」。他們把人腦和電腦都看做是處理符號的物理系統，而人腦的心理活動和電腦的訊息處理都是符號的操作過程，因而人的思維活動，便可成為能夠進行客觀描述的具體訊息過程。這一理論開闢了從訊息處理觀點研究人類思維的取向，推動了認知科學與人工智慧的發展。

其實賽蒙不僅是認知神經科學與人工智慧的開山大師，經濟學固不用講了，他還精通政治學、數學、管理學，尤其是靠自修學會了他所到過的每一個國家的語言，將近二十種之多。包括中文和歐洲大半國家的語言（真不知他是怎麼學的？大概是猶太人的特別天賦吧！我國史學家與國學大師陳寅恪，

也精通二十多種語文，兩人直可東西輝映）。賽蒙還取了一個中文名字叫「司馬賀」。即使已經學有大成了，他還經常坐在自家窗前，背誦外語單字哩。

賽蒙的著作很多，有關資訊傳播方面的有：

——*Models of Man, 1958.*

——*Human Problem Solving, 1972.*

——*Cognitive Psychology, 1973.*

——*Administrative Behavior, 1976.*

9. 卡夫勒

卡夫勒是神經生物學家，1966 年在哈佛大學創立了「神經生物學系」。這個學科運用現代生物學領域的成就，研究神經元機能活動的發生與規律。卡夫勒特別專注於神經元發放信號的機制，神經細胞如何轉化信息，包括感覺信號如何產生及其離心控制等。他的學生胡伯爾（D. H. Hubel）及維瑟爾（T. N. Wiesel），除了發現大腦訊息傳播的中途站——「側膝核」外，還發現，由眼睛所接受的光線形式、明暗度及色彩，能夠轉換成為腦子所覺察的圖形。這無異與李普曼、凱利的「心像理論」及「個人建構論」，桴鼓相應。胡伯爾及維瑟爾還因此獲得 1981 年諾貝爾生理醫學獎，可惜的是，在他們獲獎的前一年，也就是 1980 年 10 月 11 日，卡夫勒已因心臟病突發而逝世了。卡夫勒的代表作為：

——*From Neuron to Brain, 1975.*

10. 宣偉伯

他可謂集傳播研究之大成。他一方面自己從事研究，一方面不斷蒐集諸家傳播研究的成果，加以分析、闡釋和批判，並予以整合。如果沒有宣偉伯那種鍥而不捨、綜合百家的精神與耐力，大眾傳播的研究必將零碎散漫，很難有今天的面貌。尤其難能可貴的是，他是學術行政的巨擘，一生中建立了愛荷華大學、伊利諾大學、史丹福大學、以及夏威夷東西中心等四個傳播理論研究的據點，培養出許多傳播研究的學者。今天美國的第二代、第三代執傳播研究牛耳的，不是他的門生，便是他的門生的門生。他對傳播學術的推廣與擴大，使他成為這個學術領域的泰斗。

當今之世，只要從事傳播研究的學者，沒有不看他寫的書，或他所編的書。由於他早年是個出色的短篇小說家，後來改而致力傳播理論的研究與綜合，以他的生花妙筆，使艱澀蕪雜的學術論文，轉化成系統的、動人的散文，令人心領神會。我們可以說，沒有宣偉伯，傳播學不會有今天；沒有宣偉伯，傳播學不可能無中生有。宣偉伯可以說是傳播學的身外化身了。

他不僅是一位研究者、理論綜合者，更是一位實踐者。他為聯合國教科文組織在開發中國家建立了幾處研究據點，並協助這些開發中國家培訓傳播人才，推動國家發展，雖然成果不如理想，但他總算盡心盡力了。因為國家發展是需要多方面的因素配合的，光靠推動傳播系統，是很難竟其全功的。

宣偉伯的著作很多，比較重要的有：
——*Mass Communication, 1960.*

——*The Process and Effects of Mass Communication, 1971.*

以上二書是他編註的，至今仍為各大學新聞系所傳播理論的基本教科書。而他自己的著作，比較重要的有：

——*Responsibility in Mass Communication, 1971.*

——*Mass Media and National Development, 1964.*

——*Men, Messages, and Media, 1972.*

由於上述學術界大師的努力，又經過宣偉伯的綜合整理，搭建起了傳播理論研究的架構，再透過無數學者專家不斷耕耘，日積月累，今天，傳播學已開拓了嶄新的領域，成為獨樹一幟的社會科學。國內外許多著名的大學都已先後成立傳播學系或新聞學系、傳播研究所、新聞研究所或傳播學院。國立政治大學於 1954 年成立新聞研究所，1955 年成立新聞系，以後各校紛紛設立。國立臺灣大學於 1992 年才成立新聞研究所。

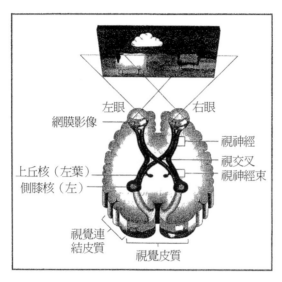

人類視覺系統的神經通道

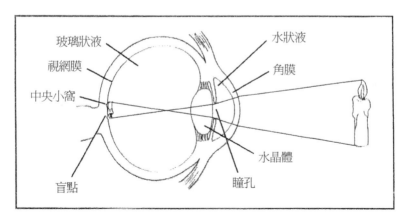

眼睛解剖圖

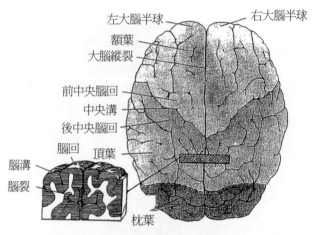

左大腦半球　　右大腦半球
額葉
大腦縱裂
前中央腦回
中央溝
後中央腦回
腦回　頂葉
腦溝
腦裂
枕葉

大腦的各葉與各腦裂

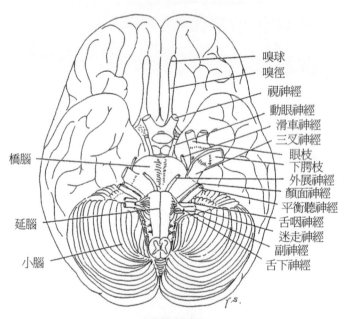

嗅球
嗅徑
視神經
動眼神經
滑車神經
三叉神經
眼枝
下顎枝
外展神經
顏面神經
平衡聽神經
舌咽神經
迷走神經
副神經
舌下神經

橋腦

延腦

小腦

大腦之顱底觀

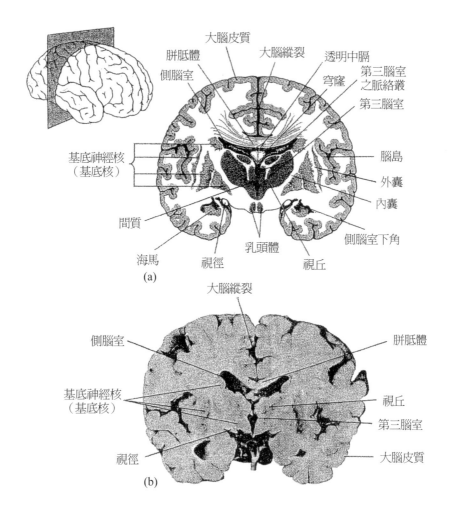

(a)大腦冠狀切面。圖示大腦皮質（灰質）及基底神經節核。
(b)大腦冠狀切面的照相圖。

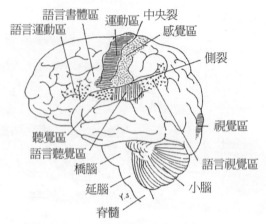

大腦之主要功能區（左大腦外側面）

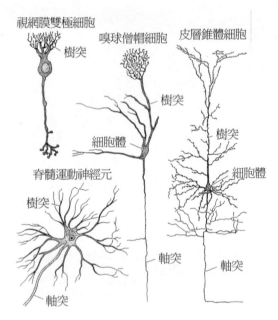

神經元的形狀和大小

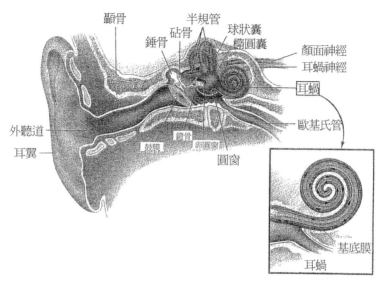

人耳的結構

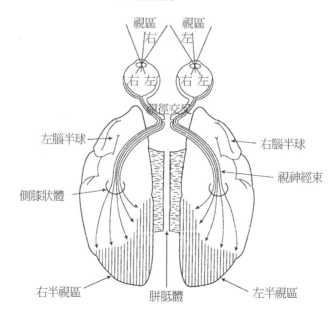

第二部

資訊、大腦與傳播系統

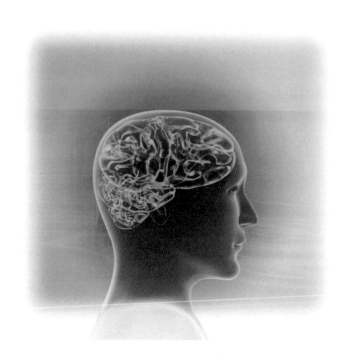

1. 大腦就是傳播網、神經元為傳播站

　　現代神經科學的發展，已經證實：人類的大腦，事實上就是一個傳播網，而大腦內的神經細胞或神經元，正是一個傳播站。

　　人類的神經系統，有超過一千億個神經元，而神經元的特殊功能，就是傳導神經衝動（即動作電位、或電脈衝）。神經元是由細胞體及兩個以上的神經纖維所組成。這些神經纖維又分樹突和軸突。樹突將來自外界的刺激訊息吸納，傳向細胞體。而軸突則將神經衝動由細胞體傳出。神經元傳導神經衝動時，其方向是由軸突的末端傳至另一神經元的樹突或細胞體。兩個神經元並不直接接觸，其間存有空隙，叫做突觸。電訊無法直接傳遞，必須靠某些化學傳導物質的釋放，才能達成任務。當神經衝動傳來時，軸突末端的細胞質內，含有許多小泡，小泡便將化學物質釋出，以促使另一神經元產生衝動。於是此等神經衝動便可繼續傳遞下去。至於小泡所釋出的化學物質，便叫做乙醯膽鹼、或正腎上腺素、或多巴胺……。

　　這也就是說，人類體內的每個神經元，都是整合中心，將來自各方的訊息整合後，再作決定是否產生動作電位或神經衝動，往下傳送。

　　動作電位或神經衝動是怎麼產生的呢？這是一個複雜而奧妙的問題。英國牛津大學教授格林菲爾德（S. A. Green-field）的研究顯示，在腦中，有鈉、鉀、氯、鈣這四種常見離子（帶有正或負電荷的原子）的移動，而形成電荷流。這些離子分布於神經元的裡面（鉀離子）或外面（鈉離子、鈣離子、氯離子），但無法隨意進出。這四種離子被隔離於細胞膜的

兩側。在兩層牆中間夾著一層脂肪酸。由於離子無法穿透細胞膜中間那道油脂，所以無法自由進出神經元。

然而，細胞膜這層屏障是可以攻破的。由蛋白質大分子組成的各種特殊構造，橫跨細胞膜兩側，這些蛋白質擔任橋樑的角色，讓特定的離子能從神經元外部進入神經元內部。就像隧道一樣，所以神經科學上稱它為「通道」。

一般而言，神經元在靜止狀態時，細胞膜內外的離子濃度有很大的差異。膜內負離子較多，而膜外正離子較多。即膜外電荷偏正，膜內電荷偏負。而在膜兩側電荷的差異就叫膜電位。細胞膜內外的電位差約為 60 到 90 毫伏特。

當神經元接到訊息或刺激時，帶正電的鈉離子會暫時進入細胞，使細胞內的正電荷短時間比細胞外高。這種現象稱為去極化。然而一旦電壓呈現正值，帶正電的鉀離子便會離開細胞，使電壓暫時變得比平時具有更大的負值，這稱為過極化。當神經元以這種方式被活化時，電位差會發生短暫的改變，先有正值的電脈衝，接著是過頭的負電位。這瞬間的正負電波通常持續約一或二毫秒，就是一種「動作電位」或神經衝動。如果這些訊號強而穩定，就會沿著樹突傳到目標細胞體。

成千上萬的訊息隨時都以細胞體為中心，匯集在一起，就像人潮擁擠的百貨公司一樣。這樣密集的訊息，隨時都可能產生動作電位。當這些訊息進入細胞體時，會形成一股強大的超電值。如果目標細胞中這種新的電位淨差夠大的話，對正電位敏感的鈉離子通道就容易開啟，然後促使下一個神經元產生新的動作電位。有些神經元每秒可以發射五佰個動作電位（500 赫茲），不過一般的頻率大概介於 30 至 100 赫茲之間。

有趣的是，人類的腦細胞有兩個主要開關；一是「停

止」開關，稱做 GABA 感受體，它會告訴細胞不要發動；另一是「前進」開關，稱做 NMDA 感受體，它會要腦細胞發動。二者聯手監督腦部的功能。它們至關重要，知道什麼時候該發動，什麼時候不該發動。否則大腦會心力交瘁，忙碌而死。

在我們日常生活中，外在世界的刺激，進入我們腦內的，以視覺和聽覺的訊息為最多。這些訊息是如何傳送的呢？

視覺傳導過程

以視覺來說，視覺系統的感覺器官是眼睛。眼睛含有成像系統與能量轉換系統。成像系統由角膜、瞳孔、及水晶體組成；能量轉換系統則在視網膜上。視網膜不但是外在訊息輸入的整合之點，也是訊息處理歷程的起點。美國史丹福大學教授辛巴多（P.G.Zimbardo）就指出：外在世界的光波，最先到達角膜，再穿過不透光的虹膜中的一個圓開口——瞳孔，然後到達水晶體，再穿透玻璃體液，最後光線投射到後面的視網膜上。在這過程中，可以看出，角膜裡面充滿了清晰的水樣液，又稱房水；水晶體則是一個為可伸縮性的囊膜所包裹的結構，一般成人是清晰、透明的凸透鏡形狀；老年人則變得較扁平，較不透光的琥珀暈暗色。玻璃體液也是清晰的液體，充滿於眼睛最中央的腔室。

視網膜上有光受納器。光受納器分為兩種：依其形狀分別命名為桿狀細胞與錐狀細胞。桿狀細胞分布於網膜上外圍部位，在昏暗的照明度下就能產生視覺反應，但是只有黑白，沒有色彩之分；雖然網膜上的外圍也有稀少的錐狀細胞，但最主要的還是分布在網膜上的中央部位。這些細胞可使我們在正常情況下，產生視覺經驗及顏色的感覺。網膜上的桿狀細胞超過

一億一千五百萬個，而錐狀細胞約有六百萬個。

　　到達視網膜上的光線量，是由虹膜和瞳孔所控制。照明度昏暗時，瞳孔會舒張，有較多的光線進入眼睛；而在亮光下，瞳孔會收縮，使進入眼睛的光線較少。有趣的是，瞳孔大小會依心理因素而改變。情緒好時瞳孔會舒張，不好時會收縮。這些反應是非自主性的，是在不知不覺中產生的。

　　在視網膜上的最中央部位，稱為中央窩，是視覺最敏感的部位，使我們可以正確無誤的發覺顏色和空間各種細微特徵。如果光線打到這個區域，所產生的視覺也最佳。獵禽視網膜的中央窩，細胞密度最高可達人類的五倍；老鷹有別於人類之處是，擁有兩個中央窩，分別用來搜尋與追捕。

　　在人類視網膜上，可以發現雙極細胞和神經節細胞。雙極細胞是神經細胞的一種，它匯集很多受納器的反應，傳送到神經節細胞，而形成神經衝動。視神經是由神經節細胞的軸突所組成。經由神經節細胞的軸突，將訊息從眼睛向後傳送到「視交叉」處。在這裡，神經軸突分為兩束，兩眼內側的這一半，越過中線，通往對面，另一半則繼續前行。通過視交叉以後的神經束，再分為兩部分：較小部分通往上丘核，這是一個較為原始的視覺中樞，可以處理外界物體「座落何處」的訊息，而不是物體為「何物」的訊息。而較大部分的神經束，則通往視丘中的側膝核——中途站，然後再傳到大腦枕葉的視覺皮質區，引發視覺。

聽覺的形成

　　至於聽覺的訊息如何傳送呢？首先，聲波進入外聽道，引起鼓膜振動。這些振動經由三塊聽小骨，即鎚骨、砧骨和鐙

骨而予以擴大。將振動送到聽覺的初始器官——位於內耳的
耳蝸。從這點起，聲波開始由液體傳導。耳蝸是一個充滿液
體，捲曲的管狀組織，有一層薄膜稱為基底膜，沿著耳蝸的長
度貫穿其中。當鐙骨振動觸及卵圓窗時，壓力會傳到耳蝸的外
淋巴液，經前庭膜傳入耳蝸的內淋巴液。內淋巴液的振動波，
再傳給聽毛細胞的受納器。受納器受了刺激就產生神經衝動。
這神經衝動被送到聽神經的耳蝸分枝上，再傳到延腦。在這
裡，神經纖維交叉到對側，最後傳到大腦顳葉皮質區，引起聽
覺。聽神經是十二對腦神經中的一對（第八對）。

　　由於神經傳播的功能，大腦會利用外在世界來塑造自
己。無數的聲音、文字和影像，可以分解並儲存在特定的腦細
胞之中；也使個人學習和記憶成為可能。人類的社會化過程就
是這樣進行著。

2. 揭開左右腦的奧秘

　　1981 年，諾貝爾生理醫學獎頒給三位神經科學家，以表
彰他們在腦部研究的偉大貢獻。這三位科學家是：史派利（R.
W. Sperry）、胡伯爾（D. H. Hubel）及維瑟爾（T. N. Wiesel）。

　　史派利生於美國康乃狄格州首府哈特福，芝加哥大學動
物學博士，曾在哈佛大學從事博士後研究，其後任芝大助教
授、副教授，1954 年起，加入加州理工學院的教授陣容。他
把心理學和生物學的綜合研究當成了終身事業。

　　史派利獲獎的原因，在於揭開人類兩個大腦半球的秘
密，證明它們都已高度特化。即左腦半球控制右半邊身體的活
動，與人類的語言、數學、邏輯能力有關；而右腦半球控制左

半邊身體的活動，與情緒、空間關係、藝術、音樂及想像力有關。史派利發現藝術性的，非語言性的右腦，比起具分析性、數學性的左腦要古板些、膽小些。

胡伯爾生於加拿大安大略省，1951 年獲得蒙特利爾的馬基爾大學醫學博士，之後進入哈佛大學醫學院擔任教授；維瑟爾則生於瑞典，在斯德哥爾摩的卡洛林斯卡研究院獲得醫學博士，雖然從 1950 年代中期起就一直在美國工作，但他仍保留瑞典籍。其後也到哈佛大學醫學院當教授。他與胡伯爾一起合作研究多年，像雙胞胎一樣。他們對腦部視覺系統處理資訊的研究，有特殊的貢獻。他們發現，神經細胞可以將由眼睛所接受光線的形式、明暗度及色彩，轉換成腦子所覺察的圖形；而且，神經節細胞將訊息以光點形式，傳送到一個中途站——側膝核，再以相同方式，傳遞到大腦視覺皮質區，引起視覺。

尤其他們研究發現，如果一隻小猴子，在出生後頭幾個星期的「決定期」中，未能經歷所有的視覺刺激，牠們的視覺就會產生嚴重的異常現象。這讓人們對初生嬰兒的教養，有了很大的啟示。

史派利揭開左、右腦功能的秘密，二十年來已成為學術典範。神經科學、生理學和心理學的教科書莫不奉為圭臬。然而二十一世紀以來，卻面臨嚴正的挑戰。

2001 年，神經科學家高德伯（E. Goldberg），出版《執行的腦》（*The Executive Brain*）一書，風行學術界。此間知名的認知神經專家洪蘭博士，把它譯為中文，於 2004 年 3 月出版，命名為《大腦總指揮》。

高德伯肯定：右腦是有特別能力，解決新情境問題的腦，是認知新奇的腦；而左腦則負責做已經習慣化的行為，是

連接認知慣例的腦。他認為訊息是從右腦循環到左腦。他寫道：「從陌生到熟悉的轉變，是我們內在世界的普遍性週期。」這與傳統認為左腦是主控腦，而右腦是輔助腦的看法，以及諾貝爾獎得主史派利，發現左右腦不同功能的學術典範，大相徑庭。

高德伯指出：「新奇」與「熟悉」正是任何有學習能力的有機體，心智生活的基本特性。在簡單的本能行為中，激發本能反應的刺激是「熟悉」，而且這個熟悉度不會因為看多了而有所改變。有機體的反應是從一開始就形成，終其一生都維持不變。在每個學習的最早階段，有機體都要先面對「新奇」，而到學習過程結束的最終階段，則為「慣例」或「熟悉」。從新奇到熟悉，是放之四海而皆準的。

高德伯從速視器、雙聽，到最高級的核磁共振，或正電子斷層掃描的不斷研究中，都一致支持右腦新奇、左腦慣例的理論。他說：練習一個複雜符號或技術時（如語言），也可能花上數年或數十年。有時這個移轉要終其一生才能完成。可以說，人類的文明史，就是一個從右腦到左腦的認知功能轉移。

高德伯原為俄國籍，是「神經心理學之父」盧瑞亞的得意高足。在莫斯科大學完成博士課程，也寫完博士論文，只等博士口試。但他為了離開沒有學術自由的俄國，避開監視，移民西方，而放棄博士學位。1974 年經以色列到了美國，繼續從事研究、實驗與臨床診療工作。

除了上述觀點外，高德伯還提出了「遞變論」。亦即認知功能在大腦上的分布是連續的，遞變的。在腦半球的後方，皮質的第一階層是主要感覺投射區。它與外界的刺激有點對點

的對應關係。主要感覺投射區包括枕葉的視網膜投射區、頂葉身體感覺皮質投射區及顳葉聽覺皮質的頻率投射區。在額葉，第一階層是運動皮質。大腦皮質這些投射區的範圍大小，不是依照刺激的大小，而是依照刺激的重要性。皮質的第二階層是比較複雜的訊息處理。這些皮質區稱為「感覺管道特定的聯結皮質」，它緊鄰著主要投射皮質區。皮質的第三層是最後發展完成的腦區，它是最複雜訊息的處理中心，而且不與任何單一的感覺管道相連。相反的，這些皮質區的功能是綜合其他管道送上來的訊息。這些多重管道聯結區包括下顳葉皮質，下頂葉皮質，以及前額葉皮質。高德伯強調：以往的模組論並非完全不對，只是在演化後期被遞變論取代了。

在書中，高德伯反覆申述，額葉是神經系統中最晚演化完成的部分。額葉就好像是大腦的首席總裁、大腦的總指揮，能夠在空中俯視全局，監控大腦其他部分的功能及協調這些功能：能夠指認物件、投射目標、編造計畫、組織、執行、監控和判斷結果，以確定達成預期目標；它還能領導個體，進入一個全新，從未去過的探險世界。額葉也是高層意識、判斷力、想像力、同理心和我們靈魂的所在。人類如果沒有大腦額葉的發展，是不可能出現文明的。

高德伯的這些發現與論點，真是石破天驚，震撼學術界。「典範」是否移轉，教科書是否改寫，勢必在學術界引發一場爭論。就像二十世紀初期，「先天」遺傳和「後天」環境，對於個人人格與行為的影響，到底孰大、孰小的問題；以及五、六〇年代，經濟學上財政政策與貨幣政策，孰優、孰劣的問題，都引發空前的論戰。左右腦的功能與奧秘，是否也是如此呢？

3. 訊息、大腦與傳播

這是一個資訊爆發的時代，各種各樣的訊息自四面八方蜂擁而來。而訊息要發生效果，首要之道，就在於能引起注意，刺激大腦，形成記憶，進而有反應的行為。這中間的過程，過去我們只有模糊的概念，然而近年來神經科學的發展，已經有了驚人的突破。

在這方面的研究，美國加州大學俄溫分校蓋瑞·林區（Gary Lynch）及詹姆士·麥高（James L. McCaugh）教授、西北大學約翰·狄斯特霍夫（John Disterhoft）及艾萊亞·魯滕柏（Aryeh Routtenberg）教授、加州大學聖塔巴巴拉分校蓋瑞·羅傑斯（Gary Rogers）教授、西北大學尤里·蓋尼斯曼（Yuri Geinisman）教授、聖路易大學約翰·莫利（John Morley）教授、肯塔基大學約翰·卡內（John Carney）教授、哥倫比亞醫學院神經外科及神經研究所的約瑟夫·莫斯考（Joseph Moskal）教授等，都已有了很好的成績，他們甚至研發出記憶丸像「尼莫迪平」（Nimodipine）這類東西，使科幻小說中的描述幾乎成真，甚至能終結老人癡呆症等記憶方面的腦部損傷，讓腦部自行修復，或者讓普通人記憶力提昇，增加學習效果。

他們的研究成果，經由芝加哥論壇報權威的科學作家柯圖拉克（Ronald Kotulak）的報導，已逐漸的為人們所瞭解。

神經科學家們最近發現，腦部的通訊系統，關鍵在於腦細胞表面，負責接收及發射化學訊息的「信號盒」。這種信號盒叫做 NMDA 感受體，它們可以調節細胞表面讓帶電粒子進出的門戶，供給細胞能量。當 NMDA 感受體做出重大決定時，就

能發射電荷，穿過細胞，使一條記憶途徑發亮，亦即留下記憶痕跡。

通常的情況是，NMDA 信號盒端坐在細胞表面，等候麩氨酸鹽（Glutamate）傳訊息過來。麩氨酸鹽是一種神經傳導物質，奔波於腦細胞之間，像個騎自行車的信差一樣的叫喊著：「注意，有東西傳過來啦！」當麩氨酸鹽到達 NMDA 感受體上，它就會打開細胞表面的某些門，讓帶有能量的納粒子進入，增加細胞的電荷，等到關鍵時刻，一簇生化的火花點燃，於是細胞與其他細胞的連結就改變了，一條記憶途徑打造成功。

海馬迴（hippocampus）是記憶力的總司令，它可以指揮進入的訊息，分別配置。有的很快被遺忘，有的則進到腦內較永久的目的地。腦內有一種重要化學物質叫做 PKC，用來形成短期及長期記憶。而這一切都是電子化學活動的結果。當腦內上兆的腦細胞連結改變時，它們就成為腦部偉大思考能力的具體表現。

所以，每當訊息進入腦部時，會改變名叫突觸的連結的外觀，使它從平坦變成布滿隆起。隆起處形成隔間，可以貯存不斷增加的訊息。如果不用，這些隔間就會消褪，突觸表面也會回復平坦，而將一度存在的記憶抹去。除了增強突觸外，腦細胞也能製造新的連結，增強學習效果。

由於了解腦部電子化學活動的情況，因而調節其活動的「記憶丸」也就應運而生了。科學家們現在也在探索非藥物的增進記憶方法。舉例而言，音樂除了悅耳之外，似乎也能增強腦力，原因可能是它會使我們鍛鍊用來形成記憶的電路。然而，無調性音樂或節奏極強、較刺耳的音樂，則無法增進腦力。

由於神經科學研究的發展與突破，傳播的研究自是邁向新里程了。

4. 奇妙的「第六感」──「費洛蒙」

人類對於所謂「第六感」，一向存有好奇的心理，認為玄之又玄。隨著科學的進步與神經系統的探索，「第六感」的謎團正在逐步的揭開，而第六感的研究，這十多年來已成為顯學，並命名為「費洛蒙」（pheromone）。

英文名字「費洛蒙」（pheromone），源自希臘文，顧名思義，是運送出去（pherein）的刺激物（horman）。在許多動物的行為研究中，費洛蒙的功能已被充分了解，那是動物身上分泌的一種化學分子的訊息，它可以支配或影響動物的繁殖、成長、警戒、防禦等行為。也正是同一物種個體間彼此溝通的方式與氣味。至於費洛蒙在人類行為方面，也是無時無地不存在的。人與人之間的互動，費洛蒙時時刻刻在潛意識裡發揮作用，散發著化學訊號，告訴你關於對方的若干重要訊息，使你感覺愉快、親切、或是冷淡、厭惡。1997年5月，在摩納哥舉行的第十三屆類固醇生物化學與分子生物學國際研討會，費洛蒙便是研討的重要主題。

什麼是費洛蒙呢？這是一種無聲無臭的化學分子，自身體內製造，從皮膚表層散發出去，也可能自汗腺浮出，懸藏在毛髮裡，在空氣中飄盪。你所釋放出的每一個費洛蒙分子，都富含個人訊息，包括你的慾望、攻擊性、免疫系統等，每一個化學分子攜帶著專屬於你的化學訊號，就像每個人的指紋一樣，都是獨一無二的。它二十四小時在空氣中飄盪，雖然你可

能毫無所覺，但一旦找到目標，便將訊息傳遞出去。

　　試以第一印象為例，你第一眼看到某個人，就直覺的認定自己不喜歡這個人，因為你們彼此的費洛蒙不來電，以前你可能全歸因於不知道要和對方說什麼，或是覺得對方太滑頭、太嚴肅，現在你知道可能是費洛蒙在作祟。也有人讓你一見如故，倍感親切，那正是費洛蒙在潛意識裡發揮作用。費洛蒙能超越邏輯思考，在幾秒鐘之內直接影響腦中負責原始情緒的部位，我們從小被教育要控制情感，但人們往往情感一瀉千里，甚或對異性刻骨銘心、一見鍾情，或發展為生死戀，這正是費洛蒙無所不在的影響。所謂「母子連心」，科學家也越來越相信是由於費洛蒙的影響。

　　費洛蒙的研究始於 1959 年。科學家彼得‧卡森（Peter Karlson）與馬丁‧路丘（Martin Luscher）創造「費洛蒙」一詞，來形容低等動物的化學傳遞方式。1989 年美國的大衛‧白林納（David Berliner）博士邀集了數位專家進行一系列的實驗，包括劍橋大學畢業，在猶他大學任教的有機化學家克里夫‧錢寧斯懷特（Clive Jennings White），神經生理系博士路易士‧蒙蒂布拉克（Louis Morti-Bloch）、以及另一位猶他大學神經解剖學家賴瑞‧史丹薩斯（Larry Stenssaas）。他們發現人們的鼻孔裡，有所謂「犁鼻器」存在，微小得為肉眼所不能見，它獨立於嗅覺器官，自行運作。犁鼻器接收的人體化學訊息，能進入下視丘，引發適當的情感與反應。所以，犁鼻器──下視丘系統具備解讀人心與交流情慾功能。

　　這些科學新發現，細胞生物學家與費洛蒙專家大衛‧莫倫（David Moran）博士，哥倫比亞大學新聞研究所畢業的密雪兒‧柯帝斯（Michelle Kodis），及著名編輯黛博拉‧修依

（Deborah Houy）等三人，已合撰成一書，命名為《愛的氣味》（*Love Scents*）。中文版的主題為《第六感官》。

人體費洛蒙的存在，已經獲得證實，科學家們正在研究作多元運用，包括治療失眠、培養戀愛情緒、提高性慾、治療焦慮、恐慌、經前症候群、乳癌、攝護腺癌等，費洛蒙的具體影響層面正在逐漸擴大，而不僅在於傳遞心靈訊息而已。

5.「心腦」有別於「大腦」獨立運作
——「心臟神經學」

人類對於科學知識的探索越來越神奇。醫學家們最近有了驚人的新發現：人類的心臟不只是一個努力不懈的機械幫浦，同時也是一個智慧的能量，能「自行思考」，深刻影響著我們對於環境的觀察與反應。而由於「心腦」與「頭腦」之間的溝通，也深深影響我們的思想、情緒和行為。心臟的智能遠比我們所能想像的更為強大。如果我們能更專注於傾聽自己內心的聲音，智力和直覺都會提高。

最近三十年來，美國學術界興起了一個稱為「心臟神經學」的研究領域，它的研究方向就是結合了神經和心臟，而且獲得了相當的成果。

心臟神經學有個令人振奮的新發現：心臟有獨立的神經系統，一個複合的系統，他們稱之為「心腦」。在心臟內部的神經元，和腦下皮質中心所發現的神經元一樣多。心腦組成複雜的網路，其精密的脈絡聯繫，使之得以行使如頭腦般的獨立活動。它可以學習、記憶、感受和知覺。「心腦」和神經系統將資訊轉送到頭蓋骨裡的大腦，創造頭部和心臟之間的雙向溝

通系統。這些由心臟送出到達大腦的訊號，影響了皮質、杏仁體和視丘的許多區域和功能。而心臟的節奏和律動形式，會傳導神經脈動，直接影響到較高位置腦部中心的電流活動，密切關係著認知和情緒的處理過程。

　　美國研究心臟的權威機構——心能商數學會的創辦人杜克‧齊德瑞（Doc Childre）及研究學者馬丁（Howard Martin），1999 年出版了《心能量開發法》（*The Heartmath Solution*）一書，說明了心能商數學會的研究成果。中文版也隨即在臺灣問世。

　　心能商數學會的研究成果，曾在許多媒體中廣受報導，包括美國廣播公司的「今夜世界新聞」節目、CNN 電視新聞網、「美國新聞與世界報導」，以及《男仕健康》、《時尚》、《自我》等雜誌，帶動全美新一代心能開發的風潮。

　　杜克指出：科學的證據顯示，心臟能夠傳導情感和直覺的訊號，幫助我們掌控自己的生命。除了運送血液之外，它還負責管理體內的許多系統，以便它們能互助合作，而且，心臟和大腦不斷的在做溝通，藉著本能進行許多自我的決定。

　　杜克把心臟的智慧能量，稱之為「心能智力」或「心能商數（HQ）」，以有別於 IQ 與 EQ。心能智力是一種知覺強度和洞察力，當我們感受到它的作用時，理智、情緒即會經由內在的自發過程進入平衡、和諧的狀態。這種智能和直覺、本能一樣，能夠淨化人們的身心，對自己和他人都裨益不淺。杜克強調：「心能超越了頭腦」。

　　當心能發揮作用時，血壓會跟著降低，神經系統獲得強化，荷爾蒙取得平衡，頭腦的功能也會跟著增強。為了使理智、情緒和身體都保持最佳狀態，心臟和大腦必須同心協力合

作，將這兩種不同來源的智能合而為一。

　　事實上，心和腦之間就是不斷溝通的系統。根據美國心能商數學會提供的研究資料，心臟內部的神經系統（亦稱心腦）包括感知神經及其他多種神經元網路。感知神經能夠感覺，反應多種生物性的訊息，包括心律、血壓、荷爾蒙和神經傳導等。而局部神經元則是一些各就其位的處理系統，能夠藉由心的感知神經來整合頭腦、身體器官，所傳入的神經訊息。一旦心腦處理了這些訊息後，它就會透過傳入神經通道將訊息送到腦部；也就是說，神經通道的方向是朝著腦部前進的。而交感傳入神經則在脊髓與頭腦之間活動著。另有迷走神經包含數以千計的神經末梢，其中有許多神經末梢能將訊息由心送到腦部。神經通道在延髓的部位進入頭腦，這裡的神經中樞掌管多種重要的身體功能。神經訊息在此通往更高的腦中樞，而後處理一些情緒性的過程，做決定和將行為合理化。

　　一般來講，心和腦對於事實資料的詮釋是不大相同的。腦的活動包括思維、想像、記憶、策劃、計算、控制和偶爾的自責；而心的活動包括關懷、先見、直覺、諒解、安心和感激。有趣的是，當頭腦經由神經系統將命令送達心臟時，心臟並非機械式的服從。相反的，心臟似乎根據自己的本能邏輯在做適當的反應；而當心臟將訊息送回腦部時，腦部不但能了解，而且完全服從。由此看來，真正能夠影響個人行為的，應該是由心臟發出的訊息。這項研究結果，與傳統心理學的看法有很大的出入。究竟真相如何，有待神經學家、心臟神經學家與心理學家作進一步的驗證。

　　1983 年，一種在心臟被秘密製造的新荷爾蒙被發現了，稱之為心縮胺酸或心胜（ANF）。這個神秘荷爾蒙掌管血

壓、液體鬱帶和電解質原狀穩定，俗稱「平衡荷爾蒙」，它會影響血管、腎臟、腎上腺及腦部許多主宰區。平衡荷爾蒙會限制壓力荷爾蒙的釋放，並且和免疫系統交互作用，甚至影響機動性的行為。因此，有些科學家認定，人類的情緒系統並不限制在頭腦部位，而是一個延展遍布全身的大網路。心，正是這個密布網路的中心司令。

杜克更指出：負面的情緒會使神經系統失去平衡，心跳節奏錯亂，高低起伏很大，血液循環功能也不穩定，心臟和其他器官都會承受到壓力，因而導致潛在性的重大疾病。為了開發心能智力，杜克運用一套程序教導大家如何進入自己的內心，這就是有名的「心能商數」法則，包括「定格」法、「直接進入」法，和「心位鎖定」法，能夠有效的管理情緒，使身心更平衡、更和諧，心靈更睿智。「心能商數」法則目前已在美國造成新一代的風潮。

杜克的「心能商數」法則，與中國傳統的醫學和哲學，有許多相通之處。中國哲學強調思想和性靈是由心中產生的，而中國傳統醫學認為，只要「把脈」診斷心臟的跳動，就可以得知器官的狀況和身體的內在整體功能。日本融合東西方醫學精華，撰著《腦內革命》一書的作者春山茂雄醫師，就是以「冥想法」和「正面思考」做為診療的手段，這與杜克的「心能商數」法則，有異曲同功之妙。

6. 神奇的讀腦機

現代神經科學的發展，突飛猛進。不僅人類說話，行動和思維，可以從大腦中清晰的浮現出來，現在連人類的思維，

也能轉換為語音了。

　　據英國《每日電訊報》最近報導，研究人員首次使用裝在大腦外面的感應器，把大腦訊號轉換為語音。轉換的準確度可達 90%，這項突破能向無法說話的癱瘓病人提供一種溝通方式，最終可朝著解讀任何人心思的方向發展。

　　美國猶他大學（Utah University）領導研究的生物工程學家格雷格（Brad-ley Greger）說：「機器開始奏效時，我們興奮得要命。」

　　目前，因為中風、生病或是受傷而有閉鎖症候群（Lock-ed-in syndrome）的患者，溝通時是藉由眨眼或是抽動手指，來選擇清單上的單字。罹患運動神經元疾病的天文物理學家霍金（Stephen Hawking），就是利用這種方法來寫書或是「說話」。

　　霍金是堅決主張大爆炸（Big Bang）而形成宇宙的倡導者。他最近的新作《大計畫》（*Grand Design*）更論定：「由於地心引力等定律的存在，宇宙可無中生有地自我創造」；「自我創造正是無中可生有、宇宙能夠存在及我們能夠存在的原因，不須祈求上帝發功，以推動宇宙運轉。」書中所言，對物理學家牛頓（Isaac Newton）的信仰形成質疑。牛頓相信，宇宙不可能由混沌狀況中創造，必是出於造物主的設計。

　　儘管霍金罹患運動神經元疾病，無法說話和行動，但利用手指操作語音轉換器，卻無礙於他在劍橋大學授課和巡迴世界各地演講。

　　過去三十年來，神經科學家們研究大腦的奧秘，大抵使用四種方法：一是「血管X射線顯影術」，也就是利用輻射不透明染劑，進入血液循環系統，而到達腦部。整個腦部的血

管分布，都會清晰呈現在照片上；二是電腦斷層掃描，即利用X射線，對腦部進行系列斷面掃描；但這兩種方法都有受限之處；因而又發展出，三是正電子放射斷層掃描。也就是利用葡萄糖或水分中帶有放射性氧原子的標籤，注射進入人體，經由血液到達腦部，而放出正電子。這正電子與腦內其他分子的電子撞擊，釋放出加瑪射射線，使得頭顱外的感應器，能夠偵測到訊息；以及四是核磁共振顯影術。這種顯影術不需注射任何物質到體內，而是依腦部運作時不同區域消耗不同能量來進行偵測。這兩種方法，都是藉由測量血液含氧濃度變化，找出較活躍的腦部區域。但兩者的偵測方法卻有所差異。它們都提供了一扇窗，使我們可以了解腦部的運作，逐漸揭開大腦的奧秘。

　　如今又有讀腦機的研發，這將使神經科學的研究，邁向嶄新的里程。難怪科學家們會興奮得要命。

7. 人類基因圖譜出爐，提供治病延壽遠景

　　2000年6月26日，科學家們宣布，他們已經完成「人類基因圖譜」的草圖。這項號稱有史以來最重大的科學成就，將為癌症治療、新藥研發甚至延長壽命，提供無可限量的成果。

　　這項成就是由各國政府出資的「人類基因組定序計畫」國際研究團隊與民營的美國「瑟雷拉基因組科技公司」共同完成。當時美國總統柯林頓大步走進白宮東廳，身後跟隨兩位基因科學家凡特（Craig Venter）與柯林斯（Francis Collins），向全世界宣布這項消息之際，各國科學家都將這份人類基因組圖譜草圖與登陸月球、分裂原子、哥白尼的「天體運行

論」，和達爾文的「物種原始論」等重大發現相提並論。

　　在英國負責提供「人類基因組定序計畫」研究經費的威康信託基金主任德克斯特表示：「也許是整個人類史上最卓越的成就。如同哥白尼改變我們對太陽系的瞭解，達爾文改變我們對進化力量的瞭解，人類基因知識將改變我們對自己的瞭解。」

　　「人類基因組定序計畫」，在 1990 年鳴槍起跑。十年來，各國最尖端實驗室中的超級電腦，全天候的對人類基因組上估計三十二億對「鹼基」，進行解譯比對工作。這些鹼基兩兩配對，有如一層一層的階梯，組成雙螺旋狀的去氧核糖核酸（DNA），這些 DNA 盤繞在人體細胞核的二十三對染色體上，DNA 構成的基因，控制人體蛋白質的合成、修復與轉變。

　　基因圖譜完成之後，科學家可以瞭解基因的運作，設法阻止或逆轉許多疾病的發病過程來加以治療，包括艾茲海默氏症（老人痴呆症）、肌肉萎縮症、發育遲緩、骨質疏鬆、關節炎、氣喘、心臟病與各種癌症。科學家還可以確認這些基因所製造的蛋白質及其功能，以研發治療性藥物。研究人員相信，最終醫學界將可以針對個人基因差異採取不同療法，甚至在一個人出生前修正其基因缺陷。

　　人類基因密碼的解譯，可以讓人類有辦法延年益壽。在過去五十年來，全世界人類的平均壽命已從四十六歲延長到六十四歲。哈里斯說，再如此「延年益壽」下去，人類平均壽命長達一百二十歲並不是癡人說夢。

　　英國首席科學顧問梅伊爵士證實，人類基因組織編序完成後，人類壽命可望延長。他預言，生物科技革命一如工業革

命那麼重要，那麼影響深遠。梅伊說，只消糾正一些基因缺失和突變，許多手術根本就不必再做。基因組計畫的科學發展，可以和達爾文的「物種原始」等量齊觀，「或許稱得上是比人類登陸月球更重要的里程碑。」

法新社報導說：這項劃時代的成就得來不易，有三人居功至偉──「人類基因組定序計畫」主持人柯林斯、瑟雷拉創辦人兼首席科學家凡特、英國劍橋大學科學家薩爾斯頓。

五十歲的柯林斯，生長在美國維吉尼亞洲鄉下，十六歲立志當化學家。後來取得耶魯大學化學博士學位，並有北卡羅來納大學醫學士學位，其後開始研究生涯。在耶魯時無意中初次接觸 DNA，體會個中蘊含的生命奧秘，令他嘆為觀止，於是專攻遺傳學。1993 年，加入國家衛生研究院主持這項計畫。

柯林斯本是無神論者，如今虔信宗教。本身是遺傳專家，他相信自己的研究可大大造福人類，但也深知基因科學可能產生的倫理風險，一有機會便提醒大眾。

柯林斯已婚，有兩名子女。每週工作一百小時，但喜歡展現閒散的風格；會彈吉他，有時穿上皮夾克和牛仔褲，騎重型機車偷閒去。

五十三歲的遺傳學者凡特，在同行眼中是個特立獨行的人；二十多年來一直以破解人類基因組密碼為職志。1980 年代初期在國家衛生研究院初習，1992 年受已故醫學研究贊助者史坦柏賞識，出資成立「基因組研究所」，供其獨立研究。1995 年，與同僚史密斯，共同解出腦膜炎濾過性病毒的基因組密碼。2000年3月，某財團解出果蠅基因結構，他的角色舉足輕重。

　　凡特所創立的瑟雷拉公司市值三十三億美元，聲稱擁有全球最大的民用電腦設備（全球速度第二快），日夜不停比對，每月篩檢逾十億個基因密碼「字母」。1999 年，他宣布與公司同僚將比「人類基因組計畫」早完成人類基因組定序，震驚科學界。有人認為此舉出於打知名度吸金的考量。但慕名而至，等著使用該公司研究成果的不乏世界知名藥廠，包括輝瑞、普強等。

　　蓄有鬍子，像虬髯客般的薩爾斯頓，滿懷理想、為人熱情而堅毅不拔，十足英國科學家的典型。2000 年，他五十八歲，領導劍橋大學知名的基因組研究單位桑格中心已八年，也是「人類基因組計畫」的要角。

8. 基因與資訊傳播

　　二十世紀九〇年代以來，基因的研究成為顯學。而基因與資訊傳播之間亦有著密切的關係，因為人之所以為人，是由基因造成的，人之所以不同，是因為他們有不同的基因，造成不同的腦部，形成不同的人格，而不同的人格，對於資訊傳播的接受、理解、記憶或排斥，有著舉足輕重的影響。

　　在傳播理論的領域裡，有所謂「選擇性暴露」、「選擇性理解」與「選擇性記憶」，幾乎已成為學術典範。而這一切都和個人人格或個性有關。你的個性不喜歡的資訊，是很難進入腦部的。這也正是資訊傳播成功或失敗的重要因素。

　　英國基因科學家狄恩·哈默（Dean Hamer），多年來一直在國家防癌學會生化實驗室從事研究工作，他帶領著一個「基因結構與機制」研究小組，探索基因的秘密。1998 年，

哈默發表了《與基因共生活》（*Living with our Genes*）一書，中文版也隨即在臺灣問世，並命名為《第二個命運》。書中詳盡討論了基因與人類行為之間的關係，並引介了全球各地實驗室的新發現，以便協助你能「找到自己」。

二十世紀二〇年代，學術界曾經引發了一場大論戰，就是先天的條件與後天的教養，二者究竟孰輕孰重？後來後天派似乎佔了優勢。哈默在《與基因共生活》一書中則強調：我們天生有某種基因組成，但那並不表示我們無能控制自己的命運。任何科學家，或者觀察入微的父母，都不相信我們天生就如白紙，全靠後天的教養塑造成人，關鍵在於我們天生就有的硬體和後天添加的軟體。問題不是先天「或」後天，而是先天「和」後天。其實，回應後天教養的，正是我們先天的天性。

從遺傳學，分子生物學，和神經科學的最新研究已經顯示：我們個人許多主要的個性特質，早在出生時就已註定，其所以不同是由於基因不同的緣故。父母的基因創造了你，這是數百代人類演化的產物，由數百萬年來數不清的點點滴滴資料累積而來，然後集中、篩選、精煉，直到你被推出產道，來到這個世界。你的個性中某些面向可能有多種選擇，例如鼻子的形狀或是腳的大小，這種天賦的生物層面，心理學家稱之為「天性」（temperament）。然而出生時有某種天性，並不代表就有一套簡明的指示或藍圖，也並不表示人們自出生就受個性的束縛，不能自拔。相反的，天性最特別的一點，就是它自有彈性，可容許我們適應人生的種種障礙或挑戰。成長不只意味著學習這個世界的運作方式，也包括學習如何面對自己。心理學者稱個性中較有彈性的層面為「特質」（Character）。任何人在生命的每一個階段，都有能力成長改變，可以由經驗

中學習，或以父母朋友為師。我們可以運用天賦的天性，也可以隱藏它們。甚至有時候會兩者並行。

　　由於個人基因不同，所以形成不同的人格。同樣的經驗發生在兩個人身上，也不可能擁有相同的結果。雖然許多重要的非基因因素，如教養方式和學校教育也有影響，但沒有任何比基因組成更重要的單一影響因素。這也就是為什麼，很早就顯露出來的天性會持續終生；我們一生都帶著天生的基因，至死方休。我們的思考方式，也是基因的產物。IQ（智商）主要來自於遺傳，有些基因決定腦部以多快的速度處理資訊，有些則控制特定的範圍，如數學運算或完善的投球。令人安慰的是，到了成年時，影響最大的未必是基因。兒童的智力會受到成人深遠的影響，因為嬰兒並不能在智力上刺激自己。他們得受教導，接觸新事物。舉例來說，很多人都有學習一種語言以上的天賦能力，但只有少數有機會早期就受教的孩子才能雙語流利，到了高中之後再開始學習外語的人總是挫折連連，由此可知，要一顆成熟的大腦學習是多麼困難。

　　要而言之，人類的基因中，帶有許多決定性的「密碼」，足以決定人的天性，影響個人一生的諸多層面。此所以為什麼有人喜歡刺激的生活，有人偏愛平靜的日子；有人凡事總往壞處想，有人生性開朗，無憂無慮；有人容易發胖，有人體質削瘦；甚至成為同性戀者或異性戀者，也是由基因決定。而後天的行為也大大受到基因的左右；飲食習慣，上進消沈，有沒有染上菸癮酒癮甚至藥物癮，以及你與配偶或伴侶從事性愛的頻率、姿態，在在有著先天的傾向。也就是說，受到基因的影響。當然，對於資訊傳播的注意，接收與排斥，也是同樣的道理。

　　有關個性受到傳播影響的效果，我的恩師徐佳士教授在《大眾傳播理論》一書中，就曾引證美國傳播學者詹尼斯（Irving L. Janis）的實驗報告，正可與哈默的研究相互呼應。詹尼斯歸納了五點相關的假定：

　　一、在日常生活中，對他人公然表現敵意的人，比較不易受任何形式勸說的影響。

　　二、具有「社會退卻」傾向的人，比較不容易受任何形式勸說的影響。

　　三、具有豐富的想像力，對符號所表現的東西，能衷心反應的人，比幻想力較弱的人，較容易被人勸服。

　　四、自我估價低微的人，比他人較易聽從任何形式的勸說。

　　五、外導傾向的人比內導傾向的人容易被說服。

　　由於分子生物學與神經科學的快速發展，人類基因組的定序工程即將在二十一世紀初完成。隨著基因密碼的開解，傳播理論的研究，必將呈現另一番嶄新的境界。

9. 意識狀態的化學解讀

　　經歷了一個世紀的疏離冷漠後，神經學與心理學已朝向腦心整合的方向發展，「腦心典範」新藍圖正在成形。這個研究腦與心的新領域，被稱為「認知神經科學」，而其在傳播理論的研究上，也扮演著重大的角色。

　　美國哈佛醫學院精神科教授及精神科醫師霍布森（J.A. Hobson），根據他三十多年的研究實驗與診療結果，寫成了《意識狀態的化學解讀》（*The chemistry of conscious states-*

Toward a Unified Model of the Brain and the Mind) 一書,公諸
於世。中文版也於 1999 年 4 月刊行,並命名為《夢與瘋狂》。

　　將近一百年來,神經學與心理學的研究,存在著衝突現
象。1890 年,美國哲學家及心理學家詹姆士(W. James),
在他所著的《心理學原理》一書中,曾經談到「腦心一體」的
觀念。藉著觀察接受心理學實驗的人們,他也嘗試整合有關腦
部的古今理論,提出「自我」概念,成為功能主義的奠基者。
與此同時,佛洛伊德也在維也納從事相同的工作。當時由於生
理知識不足,詹姆士與佛洛伊德都沒能完成這項工作。詹姆斯
堅持下去,但佛洛伊德卻放棄了最初目標,不再企圖根據腦科
學建立臨床心理學。到了 1920 年,神經科學漸漸淡出,心理
學成為主流。但心理學本身卻也展開了一場內戰,由心理分析
之父佛洛伊德與行為學派大師史金納(B. F. Skinner,
1904~1990)領軍。佛洛伊德認為,行為與植根心中的心理
衝動有關,尤其是埋藏在潛意識中的性衝動有關。他堅信這些
衝動在刺激我們的意識行為,也堅信這些衝動會在我們熟睡時
由潛意識中逃溢出來,產生夢境。因此研究夢便成為心理分析
學派的主要工作。對佛洛伊德而言,神經科學的用處僅在解釋
身體的運作,諸如飲食和行走。同樣的,行為學派也忽略腦
部,稱之為黑盒子。他們也藐視心理分析學派所重視的內省經
驗。行為學派認為,只有外在可見的行為才是心理科學所用的
資料,所有行為都經由學習而得,所有動作都是針對刺激的反
應。這一切導致神經學與心理學分道揚鑣,沿著兩條平行線前
進了幾乎半個世紀。霍布森認為,最大的受害者是醫學界,尤
其是精神科醫師。他們都受過神經學與心理學的雙重訓練,但
也都在兩者之間搖擺。有些治療師只關心病人的心理衝突,不

願開藥，有些則恣意用藥，但對病人的心理狀態漠不關心。臨床上的混亂一直沿續至今。今天，由於新的影像科技的發明與運用，腦部的活動已能在電腦螢幕上以圖像方式顯示出來。不論是藉由正電子放射斷層掃描器、核磁共振影像，或腦磁場攝影圖，都可以見到活生生、正在思考，感覺與做夢的腦部影像。這對於腦與心的研究。當然推向一個新領域。腦心典範的藍圖於焉形成。

這個新典範有三個基本原則：

一、腦與心為單一的系統，兩者緊緊相連，不可分離，沒有腦就沒有心。這個系統稱為腦心。意識是腦部對自身生理狀態的自覺，意識為研究腦部的工具，意識是改變腦部活動的一種聰明而健康的方式。

二、腦心有三種主要狀態：清醒、睡眠、與做夢。越加了解腦心這三種主要狀態的組織方式，就更能了解意識的經驗，同時越可能找出利用意識改變腦心狀態的方法。因此，傳統的精神病，都可因而看成一種腦心的官能失調。

三、腦心的狀態是可以測量與操縱的。控制腦心狀態的是「腦中之腦」，也就是胺——膽鹼的化學系統。由於這個化學系統、神經學、心理學與精神病學的用藥，可以實在的連結起來。

根據神經系統科學家的研究，我們腦中共有一千億個神經元，每個都接觸著另外一萬個神經元，而且每秒可送出一百個訊息。若作保守估計，我們腦部每秒鐘所處理的訊息可達十的二十七次方位元。因此，腦與心可以想像成一個攪拌著巫婆湯的大鍋，裡面熱鬧滾滾沸騰著，混亂好像免不了，但胺與膽鹼系統之間的張力負有重要的任務，就是利用化學方法來束縛

住複雜的腦心系統，而達到穩定的效果。但偶爾會跑脫平衡的方程式。一般人頂多做夢或改變心意，但也有人因此瘋狂，就像我們生命中的暴風雨、海嘯與超新星。

由於霍布森的這些實驗與發現，也正彰顯了東方哲學的價值。除了應用藥物之外，東方哲學中所進行的冥想，不只是為了心靈的平靜，同時也為了治療身體，因為改變心的狀態可以改變身的狀態。各種例子證明，許多人只靠正面思考或純然的意志，就擊敗了癌症與其他病痛而生存下去。所謂「身心合一」正是這個意思。

霍布森的研究發現，正符合諾貝爾獎得主柯里克（F. Crick）所說的「驚異的假說」，而與宗教哲學家們，以及具有宗教信仰的另一諾貝爾獎得主艾克爾斯（John Eccles）爵士的「身心二元論」，顯然大異其趣。而這個發現，正說明了訊息在腦中運作的複雜過程，也說明了腦內化學系統深深影響了訊息傳播的效果。

10. 資訊的心流歷程

人類的心靈是怎麼處理訊息的？幾千年來哲學家及心理學家聚訟紛紜，很難得出一個具體的結論。現在我們所能了解的，只是一個粗略的梗概而已，心靈對於資訊的處理還有一大片模糊區域。因之，近年以來，以發現 DNA 基因獲得諾貝爾獎的生理學家柯瑞克（Francis Crick），也投注心力，致力於幽秘隱晦的現象——意識問題的研究了。

柯瑞克認為，把大腦視為黑盒子，假設內部結構不可知或無關，就不能真正了解意識或其他心靈現象，只有深入研究

神經元和神經元的互動，點點滴滴累聚清晰的知識，才能建構解釋意識的模型，類似用 DNA 解釋遺傳現象的模型。

依照精神分析學鼻祖佛洛伊德（S. Freud）的看法，訊息在經過各種記憶的次級系統時，會受到過濾器的篩選，接著從潛意識和前意識傳遞下去，經過審查器，最後才傳到意識而產生反應。因此，當訊息通過心靈時，它不只是被傳，也會被轉化，眼睛所看過的是一束光波，耳朵所聽到的是一種震動，等到視覺和聲音都變成記憶時，原本所包括的訊息，已經經歷過了激烈的變化。訊息如果在某方面是被禁止的，那麼當它從潛意識經過前意識，最後到達意識時，可能就會遭到竄改。

從佛洛伊德的心理模式來看，有幾點是值得注意的：㈠訊息在環環相扣的次級系統間流動著，並在通過這些系統時產生變化；㈡在訊息變成意識之前，是無法被意識到的；㈢過濾器和感應器都會選擇並扭曲訊息。

以《情緒智慧》（EQ）一書風行世界的哈佛大學教授高曼（Daniel Goleman），在他的另一力作《心智重塑——自欺心理學》書中就強調：知覺是有選擇性的，基本上，過濾掉訊息是好事一樁，腦部有這種能力，會使它變得容易扭曲所覺察到的和拒絕掉的東西。因而，每個人的感官訊息都有偏差，使得人們所意識到的外在環境也變得較不一樣。

高曼綜合認知心理學家的研究成果，認為訊息處理的過程，大部分是在前意識或覺察不到的。當我們碰到任何事情，在許多條線路上都會出現大量而且非常快速的訊息處理現象。這些路線發動起來，不受任何意識的控制。因此，99 ％的認知可能是潛意識的，如果所有的事情都發生在意識層面，「我們將不成人形」。

　　高曼在他的書中，發展出了新的心理模式：說明潛意識反應和意識反應都存在於我們的生活之中。在潛意識的反應中，訊息會從感官儲存室和過濾器直接流入記憶中，完全跳過覺察過程。反應也可以在覺察之外執行，自動化的常規就是如此。這使得知覺和行動出現許多相似的路線，其中一條在覺察之中，而其他則走潛意識的路線。

　　高曼的《心智重塑——自欺心理學》一書，已由楊大和、杜仲傑及曾光佩等三位臨床心理學者譯成中文刊行。書中還特別強調：人人各有一套自欺術。人的腦內藉著分泌一種麻木痛苦的嗎啡，隱藏痛苦的焦慮和記憶，以說謊、否認、取代令人不舒服的真相，或違反社會規範的訊息。所謂「國王的新衣」心態，正是自我保護的求生法則。人的心靈深處，有許多沉睡的心智能力，喚起這些能力、巧妙運用，就能徹底改變一生。

11. 深入人類心靈領域

　　有人說：「太空不是科學探險的最後領域，心靈才是」。許多世界頂尖的科學家，包括多位諾貝爾獎得主在內，目前已紛紛投入心靈意識的研究領域。他們希望把心靈意識從不可解的哲學疑問，拉到經驗實證的層次。他們野心勃勃的期待建立心靈意識理論，找出神經活動與精神作用的過程，或敘明訊息處理的方法，轉換成電腦程式，把人類的神經科學帶到喜馬拉雅山的巔峰。

　　這真是一項科學研究的新里程，而在這項研究中，諾貝爾獎得主柯瑞克（Francis Crick）、艾德曼（Gerald Edelman）、伊可爾斯（John Eccles），以及牛津大學的黑洞與外

來物質權威潘洛斯（Roger Penrose）等人都扮演著重要的角色。或許有一天，人類可以擁有掌握自己的能力，就像美國國家科學研究院神經生物學家史登（Gunther Stent）所說的：「人類未來或可輸電進入大腦，合成刺激，感覺和感情等」，「只要快樂中樞路線裝置得當，就可遠離一切痛苦哀傷。」這話似是神話，但卻不能說是沒有可能。

自有人類歷史以來，原就存在著心靈意識的哲學爭論，但是一直無法獲得驗證。因為誠如莊子所說的：「子非魚，焉知魚之樂？」人的主觀知覺如謎，而且是形而上的謎團。不能從生理方面來尋求解決，無法以科學方法來加以驗證。所以在二十世紀的大部分時間裡，儘管科學突飛猛進，科學家們還是把心靈意識排除在科學研究之外，他們不願意探討主觀現象問題，尤其是意識部分。行為主義的發展，便是最大的證明。然而現在情況有了一百八十度的轉變。

無論西方或東方，在哲學萌芽初期，就已經有了心靈意識的爭辯。蘇格拉底認為，靈魂和肉體根本是不同的東西。在原始人和早期希臘人看來，非物質的靈魂曾被混淆的認為，多少具有某些有形體的特性，例如它是可以看見的。而柏拉圖的概念，使靈魂和肉體的區別變得鮮明起來。也認為兩者是絕對不同種類的東西。而且靈魂因為是非物質的，便可以領悟一個理想的世界，在肉體死後還能繼續生存。人類的許多宗教，其看法和蘇格拉底與柏拉圖極為相似。這是典型的靈魂肉體二元論。但是亞里斯多德就不同了。他認為靈魂是活躍的生物的一種表現，而活躍的生物又是靈魂的一種表現。他認為心理過程和物理過程有著密切的關係。

歷經兩千多年的爭論，這個問題直到現在仍然無法破

解。奇怪的是，連諾貝爾獎得主的科學家們，也各執己見，有
自己的「假說」。

1963 年，因神經傳導研究獲得諾貝爾獎的伊可爾斯，是
信奉二元論最著名的現代科學家。他認為心靈意識獨立存在於
血肉之軀以外，從受精的卵子可以發展成人形，它的背後一定
有某種無形的生命力量在運作。從此種發展生物學的觀點來
看，他的說法似不無道理。他深信「心靈特性正和生命特性一
樣，是神聖的創造物」。而 1962 年與 1972 年的諾貝爾獎得主
柯瑞克與艾德曼則認為，心靈只不過是神經元的作用。艾德曼
甚至發現「一個大腦一個樣」，人人不同，至於牛津大學的
物理學家潘洛斯，則假設心靈是個體內質網（Microtubules）
受著量子效應而發生的作用。他們都有各自的實驗研究方法。
其結果如何，當然需要「拿出證據來」。證據能夠拿出來自是
石破天驚了。

12. 神經生物學與傳播

1966 年的夏天，美國哈佛大學最先由史蒂芬·卡夫勒
（Stephen Kuffler）教授和同事們的建構下，正式成立了「神
經生物學系」。這個學科運用現代生物學領域的成就，研究神
經元機能活動的發生與規律。面對大腦機能這個極其複雜的難
題，他們提出了明確的見解，以說明研究的方法和目標──
從單個神經元到大腦。從此，神經生物學的名稱，在國際學術
界風行起來了。

為了便利研究者和有興趣的青年窺探神經系統的奇妙運
作，卡夫勒還總結了哈佛大學教授們的親身經驗與研究成果，

與約翰‧尼可斯（John G. Nicholls）共同撰著《神經生物學》（*From Neuron to Brain*）一書。他們選擇一些單元系統，沿著一條細胞學說的思路，深入淺出的詳加闡述，以供初學者仔細玩味。第一版於 1975 年發行，旋又於 1982 年由尼可斯教授與羅勃‧馬丁（A. Robert Martin）教授補充修訂第二版，成為美國研究神經系統者人手一冊的範本。北京大學研究所起先採用英文本作為教材，1991 年則編譯為中文版問世。以菊八開印刷，計七百頁，內容相當豐富。

　　卡夫勒教授的同事和他的學生們，按照他所創建的研究路線和方法，經過長時間努力，闡明視知覺神經元的過程，結果卡夫勒的兩位門生胡貝爾（D. H. Hubel）與維瑟爾（T. N. Wiesel）於 1981 年榮獲諾貝爾生理醫學獎，得到醫學界世界級的最高榮譽。可惜的是，在他們獲獎的前一年，也就是 1980 年 10 月 11 日，卡夫勒已因心臟病突發而逝世了。然而卡夫勒留下的業跡，永遠為學術界人士所懷念。

　　《神經生物學》一書，是對神經系統基本活動的神經生理學、神經生物化學、神經生物物理學，以及有關發育生物學、分子生物學、細胞生物學的最新研究成就，進行了綜合性的討論。全書分五部分，共二十章。第一部分為知覺的神經組合，包括神經系統中的信號分析，視覺的細胞組合與分析，大腦皮質的柱狀組合與分層。第二部分為神經元發放信號的機制，包括電信號發放、靜止電位與動作電位的離子基礎、細胞膜通透性的控制、神經元作為電流的導體、離子的主動運輸、突觸傳遞、化學遞質的釋放、化學傳遞的微生理學，以及化學遞質的探索等。第三部分為神經細胞在大腦中發放信號的環境，包括神經膠質細胞的生理學，腦中液體空間的成分調節。

第四部分為神經細胞如何轉化信息，包括感覺信號如何產生及其離心控制，在單個神經元間由突觸作用傳遞信號，中樞神經系統中控制運動的整合機制、簡單神經系統等。第五部分為本性與培育，包括神經元連結的特異性，哺乳類視覺系統中遺傳與環境的影響。此外，還附錄了電學線路中的電流，腦結構與通路等。

　　卡夫勒在書中強調：大腦是利用定型的電信號處理它接受和分析所有信息。實質上，在所有神經細胞中的信號是一樣的，它們都是符號。無論如何，與它們所代表的外部世界是不相像的，因此一個基本任務是破譯這些信號。有充分的證據表明，神經纖維的起點和它們在大腦中的終點，決定它們傳達的信息內容。因此，視神經纖維只攜帶視覺信息，而在其他感覺神經中攜帶相同信號。例如起自皮膚的信號，則傳送完全不同的意義。單個神經元能將複雜信息和概念編碼為簡單的電信號，這些信號所包含的意義是來自各神經元間的具體連結情況。

　　卡夫勒指出：神經系統雖然連結複雜，但有其簡化的特性：第一、它只有兩種類型的電信號，一種用於短距離，一種用於長距離。第二、不論這信號是從中樞發出或向中樞傳送信息，在體內所有神經細胞中，這些信號實質上是相同的，更妙的是，不同動物的信號也是如此相像。因此，衝動可被認為是定型的單位。它們是已經研究過的所有神經系統中通信交換的通用貨幣。同樣的，它們分泌的各種化學物質（遞質），經常在不同動物中也是一樣的。在神經系統中，放電頻率或模式本身並不成為編碼，原因是：雖然在對光、觸或聲作出反應的不同細胞中，衝動和頻率相同，但信息的內容卻完全不同。信

號的性質和意義，由神經纖維的起點和終點決定，也就是說在於它們的連結。各種感覺類型與大腦的不同部位相聯繫。即使在各種感覺類型或每個皮質區內的特定刺激，也是選擇性的作用於特殊的神經元群體。這種組合是由嚴格決定的連結而造成的。

卡夫勒舉例說，收音機、計算機和電視機，都使用平常的元件和常規的信號，卻完成各異的任務。其特異性是靠布線的設計，是連接的多樣化，而不是信號的類型增加可執行任務的複雜性。大腦中的神經細胞也同樣是由標準的，通常的化學物質裝配而成。它們彼此之間連結的方式，賦予它們不同的能力，並使它們的信號具有意義。

從《神經生物學》的內容來看，它具有幾項優點：觀點明確，取材嚴謹，敘述清楚，推理嚴密，而且圖表精全，編排緊湊。它既不包攬神經解剖學，也不混同神經生理學，而是廣取那些生物學現代理論和技術，引入神經元研究所取得的進展，緊緊抓住一個主題，深入分析，也就是把神經細胞如何發放信號，整合信號，而產生腦部的高級功能。書中還選用了不少通俗事例，採用活潑語言，使研究者能夠心領神會。

我個人由於研究傳播學的關係，對於這書自不免見獵心喜，而於研讀之後如獲至寶。這書無異為「神經傳播學」提示了一盞明燈，指引今後研究的方向。而我也深信，把傳播學和神經生物學結合，將把傳播學的研究帶向一個嶄新的領域。

13. 腦力躍進的奧秘

這二十多年來，神經科學的發展突飛猛進，科學家們正

撬開大腦這個「黑盒子」，發現腦力潛能可以激發到從未想像過的高度，而且經常鍛鍊腦力，還可以強身治病，甚至延年益壽。

美國洛克斐勒大學的馬克艾文（Bruce McEwen）教授說得好：「人腦是始終在成長、在改變的，它靠刺激維生，而給它刺激是永遠不會嫌遲的。」美國國家心理衛生研究所羅勃‧普斯特（Robert Post）博士也說：「人腦是充滿動力的」，「你有可能讓好的或壞的刺激進入腦中。建立起腦部的微構造。」

人腦何以會有許多新知識的發現？這主要是由於近年來分子生物學的突破、遺傳學革命的浪潮，以及高科技造影技術的發展，有以致之。科學家們藉著可以「看見」思想和情緒形成的化學痕跡的造影術，在過去二十多年中對於人類腦部運作情形的了解，比起以往所知總和要多得多。科學家們相信，基因這種生命的化學藍圖，先建立起腦部的架構，而後由環境接手，提供因人而異的修飾。二者通力合作。基因提供磚塊，環境則像個現場工頭，為最後的營建發出指令。因此，頭腦是會利用外在的世界來塑造自己的。就看你給它的刺激是什麼內容。

人腦長久以來被認為像塊白板，任何時間都可以加上資料訊息，如今它被視為一塊超強的海綿，在出生到約十二歲之間的吸引力最強。因此學習越早越好。不僅此也，大腦會越用越好用，而不用就生銹、遲鈍。我們都曉得，運動可以使人邁入七、八十歲高齡時仍然精力充沛，現在科學家證明，心智的鍛鍊對於垂老的腦子也有同樣的效用。所謂「老而糊塗」，只不過是自己造成的，通常只是腦筋疏於使用的結果。同時人

老了以後，並不會像一般人從前以為的，會大量喪失腦細胞數目。哈佛大學精神醫學教授瑪莉蓮‧艾伯特（Marilyn Albert）博士說：「我們將要有很好的證據，證明人不會因為上了年紀就喪失大量腦細胞。」

　　這種種神經科學的發展，從美國科學報導作家隆納德‧柯圖拉克（Ronald Kotulak）所著的《腦力大躍進》（*Inside the Brain*，直譯為《大腦的奧秘》）一書中，已可以詳細的看出來。柯圖拉克自 1963 年起，便擔任芝加哥《論壇報》的科學報導作家。1994 年曾因兩篇關於腦部研究的報導：〈解開大腦之謎〉及〈暴力之源〉而榮獲「普立茲獎」。最近幾年間，他更深入廣泛的訪問了世界各地超過三百位以上的研究人員，提出了大腦科學上的革命新發現，而撰寫成《腦力大躍進》一書。這書的中文版，也在臺灣問世。

　　從這書的敘述中，科學家們已經發現，心智運動會造成腦部的實質變化，不但加強腦細胞間名叫「突觸」的連結，也確實能建立新的連結。連結越多的人不僅越聰明，還能強身治病，益壽延年。所以受教育多的人壽命比從前都長，而受教育少的人則壽命相差很多。教育已成為健康長壽的秘訣。

　　而更令人驚異的是，神經科學家們還在學習如何製造新的腦細胞。洛克斐勒大學的顧爾德教授（Elizabeth Gould），已經能夠刺激靜止不動的腦幹細胞開始繁殖，以製造新的神經元。在不久的將來，說不定會使得神經元在超市出現呢？甚至能終結「老人痴呆症」等記憶方面的腦部損傷，讓腦部自行修復。

　　這些開發大腦的革命性新發現，必將深刻影響今後的教育、子女養育、犯罪行為、心理疾病的治療以及記憶力的提昇

等，實具有劃時代的意義。

14. 心像與個人建構論

在傳播的領域裡，華特·李普曼（Walter Lippmann）的「心像理論」是很有名的，他說明了傳播媒介的影響力。1922 年，李普曼出版了他的名著《民意》（*Public Opinion*）一書，可以說是這個理論的開山巨著。然而經過了三十三年之後，美國認知心理學大師喬治·凱利（George Kelly）則提出「個人建構論」，兩者可以說是後先輝映，相得益彰。凱利還以這個理論應用於心理治療，使受輔導者以較有效的方式去面對環境。

李普曼在《民意》一書中，說明了媒介如何把「外在的世界」化為人們的「腦中圖像」。他以為，大眾媒介的出現，延伸了人們的耳目。大部分人對於世界和社會環境所發生的事象，是透過傳播媒介來瞭解的，個人所接觸到的大多是二手資料，並非事實本身。尤其是有關政治、經濟，全國性和世界性的事務，往往經過媒介的選擇、過濾，才得送到人們的眼前，形成所謂「假環境」，這個看起來像真實的「假環境」，影響到我們的認知及行為。所以媒介訊息具有塑型作用，亦即建構了人們的心像。心像的形成，受參考架構，價值觀念，期望以及信仰等因素的影響。受者一方面以心像為標準，來解釋和組織一切訊息，一方面以新訊息來重組或維持心像，故心像是動的。

1955 年，美國臨床心理學家喬治·凱利，根據他的臨床經驗與研究結果，出版了《個人建構心理學》（*The Psychol-*

ogy of Personal Constructs）一書，說明人格的形成及發展。
所謂個人的建構，就是個人用以解釋或預測經驗的觀念或想法。凱利以為，人對環境有主動「形成觀念」的能力，而不僅在對環境作出反應。正如科學家能對現象發展多種理論假設一樣。個人也能對環境解釋、再解釋，人生是對外在世界形成概念或建構，使人不斷的造就自己。人是以主動，創造的方法去認知其周遭環境，而不是被動的。

　　個人以什麼方式來對所處環境產生「認知建構」呢？就是以一種系統或組型（Pattern）來詮釋並組織構成我們世界的事件和社會關係。基於這樣的組型，來預測他人、事件和自己。我們用這些預測來構築自己的反應和指導行為。因此，「組型」即是我們組織或建構世界的方式。重要的是我們對於事件的解釋，而非事件本身。

　　這與李普曼的「心像理論」，真有異曲同工之妙。

　　凱利也認為，每個人解釋事件的方式都存在著個別差異，因此每個人認知事件的建構各不相同，即使是對同一事件，也有不同的預期；不過，在解釋事件的經驗中，仍存在著某種程度的共同性。背景越類似的人，共同性會越大。然而凱利仍強調人與人之間的獨特性與差異性。

　　凱利的「個人建構論」，很可以應用於傳播效果的設計上，他更把這種理論，施之於心理治療，其基本目標就是在協助受輔導者建立新的建構系統或修正舊有的建構系統，使其能以較有效的方式去面對環境，發展人格。

15. 賽蒙與訊息處理

　　或許是因為榮獲 1978 年諾貝爾經濟學獎的緣故，賽蒙（Herbert A. Simon）譽滿經濟學界及社會科學界，反而掩蓋了他在其他學術領域的成就。其實，賽蒙是一位多樣才華的人，致力於科際學術的整合，更是認知心理學與人工智慧的開山大師。他的訊息處理模式，迄今猶籠罩著傳播學界及電腦科學界，而無法擺脫其影響。

　　在近代國際學人當中，賽蒙真可說是一位怪傑。他本身學的是政治學，1943 年獲芝加哥大學政治科學博士學位。在伊利諾理工學院擔任政治學教授多年，1949 年開始一直擔任匹茲堡的卡內基梅隆大學的企業管理、行政管理、心理學，以及電腦科學教授。他是美國心理學會、經濟學會、政治學會、社會學會等六個學會的特別會員，他不但在政治學、行政管理學、心理學、社會學、電腦科學上有輝煌的成就，而且在科學理論、應用數學、統計學、經濟學與企業管理等方面，也都有重大的貢獻。他具有豐富的想像力與創造力。1968 年至 72 年間，曾擔任美國總統詹森及尼克森的科學顧問。除了在 1986 年榮獲美國總統頒發的國家科學獎之外，更於 1978 年榮獲諾貝爾經濟學獎。

　　其實，賽蒙在 1950 年代，也就是他在四十歲前後（他生於 1916 年），就與紐厄爾（A. Newell）共同創建了訊息處理心理學，提出了「物理符號系統假設」。他們把人腦和電腦都看做是處理符號的物理系統，而人腦的心理活動和電腦的訊息處理，都是符號的操作過程，因而人的思維活動，便可成為能夠進行客觀描述的具體訊息過程。這一理論開闢了從訊息處理

觀點研究人類思維的取向，推動了認知科學與人工智慧的發展。

嚴格來講，賽蒙的代表作應該是 1976 年出版的《行政管理行為》一書，因為這書及其相關著作，「在經濟組織內決策過程方面作了先驅性的研究，提供了卓越的貢獻」，因而榮獲 1978 年諾貝爾經濟學獎。然而在此之前的二十多年，他就創建了訊息處理心理學，且於 1972 年與紐厄爾合著出版《人類問題之解決》（*Human Problem Solving*）一書，這正是認知心理學的開山著作。可惜的是，較之奈瑟（Ulric Neisser）於 1967 年出版的《認知心理學》教科書，晚了五年。而奈瑟的著作被認為是「認知心理學」自成獨立理論體系的標幟。

平心而論，賽蒙的訊息處理心理學，受了維納（Nor bert Wiener）和山農（C. E. Shannon）的影響很大。只是維納的「模控學」（Cybernetics）與山農的「訊息論」（information theory），都是在 1948 年發表。而這一年電晶體才發明。電晶體的發明使得今天電腦的出現成為可能。十年後雷射也發明了。電腦的發展更是突飛猛進。而賽蒙則把訊息處理和電腦科學結合起來了。

維納本是美國的數學家，曾著有《行為、目的和目的論》一書，首次用反饋來調節目的性行為。以人體為例來講吧！人體內部存在著一個反饋系統所構成的控制系統。感官把外界對象的狀態變成生物電脈衝傳導到大腦去，大腦對於傳進的訊息加以處理（譯碼），解釋其意義，做出適當的反應（製碼），再由反應器執行相對的行為與控制。動物和人的神經系統的活動，就是通過反饋來調節並保持系統的動態平衡

的。

山農的「訊息論」是應用數理統計和概率方法，研究訊息處理的一門通訊理論。也就是訊息如何從來源化入，如何經過通訊系統中再化出，而達到目的地，同時發生反饋。這個理論所關心的，是訊息如何才能正確的在通信系統中傳遞。在山農的觀念中，有一個重要關鍵是「熵」（entropy），現代數理物理學用這個字來指物理系統中的不確定性或雜亂性。在一個情境中，訊息愈多，就有愈大的自由去選擇可能方案，而減少發生錯誤。在選擇的過程中，可能性空間愈縮小，預測性就愈大，也意味著可把握的資訊愈多。我們可以根據可能性空間的變化，來度量訊息量，或依概率來找出許多有關訊息傳遞和存儲的規律。山農的看法是，如果能讓受方的接受渠道作最大的使用，訊息可在最少干擾的情況下達到最大的流入量。例如在一定時間內聽新聞廣播，大約可以記得二十條新聞，很少錯誤。要是把新聞項目增至四十條，聽眾記憶錯誤的新聞就越來越多。換言之，能經過大腦記住的新聞反而沒有只播四十條以下來得多。

而賽蒙的「訊息處理」理論，則將人腦與電腦進行類比，把人腦看做是類似於電腦的訊息處理系統。

賽蒙認為，訊息處理系統是由感受器（receptor）、反應器（effector）、記憶及處理器（processor）等四部分構成。感受器接受外界訊息，反應器做出反應，記憶可儲存和提取作為外部事物內部表徵的符號結構（symbol structure）。處理器包括三個因素：其一是，一組訊息過程，如製作和銷毀符號，製作新的符號結構和複製，改變已有的符號結構，以符號或符號結構來標幟外部刺激並依據符號結構作出反應，以及儲存符

號結構，進行辨別，比較等；其二是，短時記憶，它保持基本
訊息過程所輸入或輸出的符號結構；其三是解說器（interpre-
ter），它將基本訊息過程和短時記憶加以整合，決定基本訊
息過程的系列。對基本訊息過程的規則的說明即構成程序，這
是訊息處理系統的行為機制。訊息處理系統的上述功能，也可
概括為輸入、輸出、貯存、複製、建立符號結構及條件性遷
移。儘管在硬體上，電腦的電子元件和人腦的神經細胞不同，
但在軟體上人腦和電腦的功能結構和認知歷程，確有許多類似
之處。它們都需要根據一定的程序對訊息進行處理。

　　賽蒙的訊息處理理論，不僅開創了認知心理學的新領
域，而且因為與電腦科學的人工智慧結合，深深影響了傳播理
論研究的方向，而更重要的是，它也深切影響了現代人類的日
常生活。

16. 創造力與訊息傳播

　　晚近以來，「創造力」的研究已成為心理學界的顯學。
美國哈佛大學、耶魯大學、芝加哥大學，已成為這方面研究的
重鎮。而創造力的培養和運作，又與訊息傳播息息相關。

　　自二十世紀以來，文化形態學的理論，在西方史學界興
起，直有俯視太虛，傲視寰宇之概，使學術界呈現著空前未有
的璀璨繽紛景象。其中特別引人注目的，是史賓格勒（Osw-
ald Spengler）的名著《西方的沒落》（*The Decline of the
West*）與湯恩比（Arnold J. Toynbee）的巨著《歷史研究》
（*A Study of History*）的問世。他們都強調，文明的誕生、成
長、繁榮和衰亡的歷史觀，也都把歷史文化視為活生生的有機

體。就我個人來講，我更是服膺湯恩比所提出的「挑戰與回應」以及「創造力」的基調。

湯恩比認為在歷史發展的主要變動中，有一個基本的主調，就是歷史中恆常的節奏、運動的昇沉，以及文明變化的曲線的擺動。而其表現的主要形式就是「挑戰與反應」。一個社會或文明，必然不斷面臨種種挑戰，這個社會如何反應，便可決定其未來。如果回應適當，那麼這個社會便可增加內外力量的作用而繼續壯大，如其不然，則此社會便失去其內在的價值，或失去外在的尊嚴，或失去物質生活方面的福利，也許這個社會將會因此而告衰亡。而回應動力的關鍵就在於這個社會是否具有「創造力」。

「創造力」既是這麼重要，這也難怪最近數十年來，許多學者專家投身於這方面的研究了。像哈佛大學的嘉納（Howard Gardner）、耶魯大學的史登堡（Robert Stenberg）、以及芝加哥大學的契克森米哈賴（Mihaly Csiksentmihalyi）等教授，就是這方面研究的頂尖學者。

契克森米哈賴是一位心理學家，曾著有《快樂，從心開始》與《自我的演化》等書。1990 年至 1995 年間，他和他的學生在芝哥大學進行了九十一位不平凡人物的訪問。包括十二位諾貝爾獎得主，以及作家、演員、媒體工作者、科學家、藝術家、政治家、銀行家等各個領域的頂尖人物。探討創造力在他們生命中發揮了何種力量，並分析創造性過程如何起作用，以及那些狀態會鼓舞或妨礙一代人的原創概念。他將這些研究成果，撰成《創造力》（Creativity）一書，於 1996 年出版，中文版則於 1999 年 4 月問世。

社會科學家與心理學家們都以為，由於人有大腦，因而

人皆有創造力及創新能力，只是激發的程度如何而已。

文明創造的動力

　　從人類發展的歷史來看，創造力乃是一種改變的歷程。創世神話出現之初，人們的確很無助，受凍餓，遭侵襲，他們沒有概念來解釋周遭見到的偉大力量，像日出日落、斗轉星移、四時流轉等。他們戒備恐懼，以求在神秘的世界摸索出立基之點。因為人有腦，慢慢的發展潛力。大約在一千年前左右，人類步伐逐漸加快，開始明瞭事情是怎麼進行的。從細胞到行星，從血液循環到潮汐，人類看起來不再那麼無助了。而自文藝復興之後，近代科學發達起來了，機械被建造了，能量被運用了，整個地表也被人的技能和慾望改變了，醫藥發達了，人類披著進化的甲冑成為有創造能力的創造者了。

　　契克森米哈賴認為，以我們目前的知識，甚至連專門神經解析家，都無法分別愛因斯坦和你我有什麼不同。就訊息處理的能力而言，大腦都極類似。每段時間大腦能處理多少訊息的局限也相同。不同的電腦在處理訊息的速度上也沒有顯著的差別。大體來說，由於腦硬體類同，大多數人皆能享有同樣的知識，並且能發展心智到類似的層次。至於人們如何思考，以及他們想些什麼，就有天大的差別了。

　　任何一種生物，體驗和理解環境都藉助於處理資訊的感官裝置，人類亦然。但人類除了基因所賦予的視窗外，我們可用象徵符號為中介，藉資訊來實現開啟新的視野。以符號為媒介的知識，是凌駕肉體之上的，不是經由天生染色體化學符號來傳達，而必須刻意去傳承和學習。正是這些超乎肉體資訊，構成我們所謂的文化。而藉符號傳達的知識則集結成各自的領

域，幾何、音樂、宗教、法律、制度、物理、化學等都是，每一範疇都組成自己的符號規則、規律，也大致有自己的符號系統、領域，在相當程度上描繪了一個孤立的小天地，個人藉此可以明確的思考、行動。

文化演進的「秘因」

契克森米哈賴強調，文化上的創造力相當於生物演化中遺傳改變的過程。但文化上的演進，沒有相當於生物基因與染色體的機制。所以基於創造力所產生的新理念或發明，不能自動傳遞到下一代。如何用火、用輪子、用原子能，我們無法在這些事物發明後就鑲入孩子的神經系統，而需要每個孩子從頭學起。文化演進對基因的類比是「秘因」（memes），或說若要文化傳承則非學不可的「資訊單位」。比如語言、數字、學理、歌曲、處方、法律與價值等。我們都要傳遞給孩子，記憶下來。具有開創性的人物所改變的就是秘因。若有足夠多合適的人認為改變是一種進步，則秘因就能成為文化的一部分。

一般人認為創造力是某種心智活動，是發生在某些特殊人物腦中的洞見，是一種新且有價值的理念和行動。但契克森米哈賴認為，這是個人思維與社會文化互動的結果。創造力是一種系統性的，而非個別的現象。換句話說，創造力是個人、學門和知識領域三者相互激盪的結果。開創性人物除了自身過人的條件外，必須先熟習一種領域的符碼，才有一展長才的憑藉，而其成果是否堪稱創造性，則有待學門專家來認定。

許多心理學家認為，有時靈光一閃，靈機一動，會有創意；但如果沒有系統化的嚴謹分析，是不容易有創意成果的。

牛頓看見樹上蘋果掉下來，固然觸發了他「萬有引力」

的動機，但他早在劍橋大學時，就受到了著名數學家巴羅教授的精心引導，專攻數學、物理、天文學等課程，接受了哥白尼、開普勒、伽利略、笛卡爾等自然科學家的理論和研究方法；他發明了微積分理論、光的顏色理論、幾何光學、也潛心研究化學家波義耳的著作。1687 年，他出版了震古鑠今的《數學原理》，闡釋物體運動的三大定律，論證萬有引力的存在，以及天體運動的規律，從而創立了經典力學體系。若非有嚴謹的系統分析，怎能致此？而像這等創造力，古今中外能有幾人？

　　現代科學革命泰斗愛因斯坦，在他二十六歲那年，也就是 1905 年，提出了狹義「相對論」，震動了全世界。這也是因為他潛心物理學，熱力學和統計力學的結果；他永享盛名的驚世之作：「關於光的產生和轉化的一個啟發性觀點」，為量子力學的建立作出了卓越的貢獻；「論熱分子運動論所要求的靜態液體中懸浮粒子的運動」，為原子學說的最後勝利奠定了基礎；「論動體的電動力學」，則開創了狹義相對論。等到 1915 年他提出廣義相對論後，則開創了現代宇宙學，把人類對時空的認識，推向一個嶄新的世界。

　　契克森米哈頓特別強調「系統內化」的重要性。他認為，有意成就創造性貢獻力的人，不只要在該體系內努力，也一定得在內心複製該體系。換句話說，他務必要學會領域中的規則與內涵，以及學門選擇的標準和偏好。在科學上，未能內化領域內的基本知識，要想有什麼創造性的貢獻，實際上並不可能。

　　在《創造力》這本書中，契克森米哈頓教授根據研究的結果，詳細分析了「創造力何在」？「創造性人格」、「創

造力的運作」、「創造力的暢流」、「創造性的環境」、
「創造性的生命」、「提升創造力的方式」，以及如何「增
進個人創造力」等。

俄裔美籍的電子發明家雷比諾（Jacob Rabinow）說得
好：「你必須具備三樣事才能成為有創意的思考者。首先你
需要有龐大的資訊，說得花俏一點，大型的資料庫！你若是音
樂家，就要懂得許多音樂，聽許多音樂，還要記得住，必要時
要能背誦一首歌。換句話說，要是你出生在沙漠島嶼，未聽過
音樂，你不太可能成為貝多芬。也許有機會，但不太可能。你
會模仿鳥啼，但不會寫出第五交響曲。所以你是在貯存許多資
訊的環境下被帶大的。」

於此也可以看出資訊對創造力的重要性了。

17. 訊息處理與精神分析

大凡研究傳播理論的人，便不能不深入心理學的領域。
傳播研究的幾位開山鼻祖之中，像魯溫（K. Lewin）與賀夫蘭
都是著名的心理學家。魯溫的場域理論、團體壓力，以及賀夫
蘭的耶魯研究計畫，在學術界都居於泰山北斗的地位。

然而，心理學的派別很多，像佛洛伊德的精神分析學、
榮格（C. Jung）的分析心理學、詹姆斯（W. James）的自我理
論、米德（G. Mead）的形象互動論、華生（J. B. Watson）與
史金納（B. F. Skinner）的行為主義、荷妮（K. Honey）的新
佛洛伊德學說、弗洛姆（E. Fromm）的社會性格理論、艾立
克森（E. Erikson）的人格發展理論、奧爾波特（G. Allport）
的自我心理學、馬斯洛（A. Maslow）的人本心理學、羅洛梅

（R. May）的存在心理學、班杜拉（A. Bandura）的社會學習論、皮亞傑（Jean Piaget）的認知發展論、凱利（G. Kelly）的個人建構論等，真是百家爭鳴，競吐芬芳，令人眼花撩亂，目眩神迷。這些學派大師所提出的理論，大部分已成為學術典範，但幾乎每個人的理論中，或多或少都有一些缺陷。這也可以看出學術理論建構的困難。

　　從精神分析學的角度來看，乃在探討深層的心理，故又稱為深層心理學，這深層的心理就是我們所稱的「潛意識」。

　　潛意識跟傳播又有什麼關係呢？關係可大了。

　　一般而言，我們從外在世界所接受的訊息，在心理過程中，有時是作出意識反應，有時是作出潛意識反應。訊息會從感官儲存室和過濾器直接流入記憶中，完全跳過覺察過程。反應也可以在覺察之外執行。自動化的常規就是這樣。其他未被察覺到的現象也是如此。這將使得知覺和行動出現許多相似的路線，其中一條是在意識覺察之中，而其他路線則在潛意識之中。也正因為如此，所以我們的思想，情感和行為，有時不能完全自我意識到，並且理性的加以控制。源之於潛意識的慾望和需求，藉著種種方法，不知不覺的操縱我們的精神活動。「人不完全是自己的主人」，這正是精神分析的驚人發現。

　　就大腦的作用而言，在我們腦幹之上，靠近大腦邊緣體之下，兩側各有一個杏仁核。杏仁核是我們情緒方面的總管。當外界的訊息進入感官時，大腦邊緣體往往會發出訊號，號召其他神經組織一起反應，這是在一瞬間發生的。有時職司思考的大腦新皮質根本來不及了解情勢，就被邊緣系統的杏仁核（amygdala）越權掌控，任意調兵遣將，甚至連理智都要臣服其下。這就是情緒沖昏理智的現象。事後當事者往往不知道

自己是怎麼一回事。紐約大學神經科學中心的專家萊杜克斯（Joseph Le Doux）就是第一個發現這種情緒重鎮的人。這也正是訊息能夠引發意識反應或潛意識反應的關鍵所在。

在精神分析學裡，有一個學派受到普遍的重視，那就是「人際關係學派」或「蘇利文學派」。這個學派對於近代的醫學、心理學、教育學、倫理學、社會學、哲學、乃至大眾傳播學，都有深遠的影響。

人際關係學派是新佛洛伊德學派的一支，它是由蘇利文（Harry Stack Sullivan）所創始的。這個學派的理論基本信念是：個人的人格乃是由他出生後所接觸的人及社會力量逐漸模塑而成。由於蘇利文生於美國，而且他和同事們的早期工作，有一大半是在華盛頓完成的，所以有人也把它稱為「華盛頓學派」。

蘇利文是一位精神科醫師。他特別強調母親與幼兒的互動關係，是人格形成的主要因素，但他不認為小孩內在世界具有決定性的影響力。他同時也駁斥了佛洛伊德所提出的驅力結構模式。對蘇利文來說，他認為，人的主要慾望有兩大類：第一類是生物的，它只與身體的需要有關，而且尋求滿足的對象是固定的。第二類大半是社會的，它的目標是企圖在社會裡獲得安全。蘇利文相信，每個人在出生後，就有想得到周圍人們贊同的衝動；還有另一個衝動和它比鄰存在的，那就是逃避反對的衝動。在個人生活的塑造上，這兩種壓力都扮演著主要的角色。它們與他「決定如何生活」有著密切的關系。一個人目前的行為方式，可以從檢查他當時的人際關係而得到最好的解釋。

蘇利文理論的一個重點是「焦慮」。焦慮來自於外在的

刺激，亦即來自對他人心智狀態的反應，而非來自內在急著表達及被滿足的潛意識本能渴望。所以小孩以為「不好的我」造成母親或他人的焦慮，所以才有了焦慮。而這焦慮反過來影響「特定心智表徵」的形成。而會引發焦慮的「好的我」，用同樣的方式影響「非我」的心智表徵的形成。

蘇利文與佛洛伊德不同的地方，在於他把個人人格形成的重點置於環境和社會壓力的塑造上。他同時以為，個人在很久以前遭遇的事，比不上現今在他身上的事來得重要。從這一點來說，他的看法和阿德勒（Alped Adler）、荷妮（Karen Horney）是非常相似的。中國古代孟母之所以三遷，以及所謂「近朱者赤」、「近墨者黑」，從這個理論來看，似也得到了確切的印證。

蘇利文的理論，無疑是看出個人後天環境的影響性。這在二十世紀二○年代「先天與後天」的論戰中，已經得到了印證。而蘇利文在 1953 年出版《精神醫學的人際關係理論》，其所以持此觀點，也就不足為奇了。

在學術的領域裡，後天的影響優於先天，固然已是公認的事實，但我們卻不能忽略先天的影響性。同樣是精神分析大師榮格（Carl Jung），即一再強調「集體潛意識」的重要性。集體潛意識是榮格分析心理學的核心，也是二十世紀的重大發現。榮格把「集體潛意識」稱為「原型」，認為這是人類自遠祖以來相傳下來的遺傳和記憶，是一切心理反應具有普通性、一致性的先驗形式，因而也是心理結構的基本模式。「每當我們面對普遍一致和反覆發生的領悟模式，我們就是在和原型打交道。」不僅此也，分散在世界各地的人們，都有同樣的神話、象徵、儀式以及想像力等，就是這種集體潛意識的表

現。現代人類生物科技的發展，DNA 的發現，優良品種的移殖，正與榮格的「集體潛意識」或「原型」相互呼應吧！

18. 談「大腦小宇宙」

訊息的傳播與大腦是分不開的。沒有大腦的操作，訊息根本無法輸入或輸出。因此，近數年來，傳播學者自是免不了要涉獵研究「認知神經科學」了。

英國牛津大學教授格林菲爾德（Susam A. Greenfield），撰寫了一本名叫《人腦的奧秘》（*The Human Brain*）的書，提供給生物學家和一般民眾參閱，把藏在人類頭殼底下的東西作了詳細的介紹。中文版於 1998 年 12 月間問世，並命名為《大腦小宇宙》。曾任陽明大學生理研究所所長的潘震澤教授，還在書中寫了一篇專文導讀。

格林菲爾德教授專研藥理學、物理學和神經科學。過去曾著有《前往心靈重鎮》（*Journeys to the Centers of the Mind*）一書，並定期為刊物撰寫科學專欄。1994 年，她成為英國皇家學院耶誕講座，這是 1826 年從創始演講者法拉第開始以來，一百六十八年中唯一的一名女性主講者，講座全程都為英國廣播公司所拍攝。

《大腦小宇宙》一書共分五章，第一章是以肉眼縱覽腦部，並且探索腦部各區是否具有不同功能？依照格林菲爾德的看法，一個腦部區域並非專司一項特定、自主的功能，相反的，各個腦部區域是以某種方式聯合起來，共同負責不同的功能。第二章是檢視某些功能在腦中如何配置，以便為腦部的各種功能定位。第三章從巨觀的腦部區域轉移到顯微鏡下腦部，

觀察腦部的基本建構區塊（腦細胞）如何相互傳輸訊息，以及藥物如何影響訊息的傳輸方式。這正是傳播理論研究者所該特別注意的部分。從格林菲爾德的研究與敘述中，讓我們對訊息的運轉過程，有個概括的了解。但誠如作者所說的，腦是個深不可測的謎團，往往學得越多，需要再學的東西也就似愈多。第四章，追蹤單一受精卵如何發育成腦部，觀察腦部如何因為人類的不同經驗而經常改變，並因此成為獨立人格的基本要素。經由觀察，我們也能追蹤腦在人類一生中的命運。從這一章的敘述裡，我們可以發現，基因固是構成人格的基本要素，但環境的影響，訊息的傳播，與教育的方式，也在不斷的刺激腦部，扮演著重大的角色。因而一位傳播工作者，更應對社會負責，對歷史負責。第五章則探尋記憶為何物？如何運作，以及發生在腦部的那個部位，以繼續探索人類的個別差異。只有經由記憶，我們才得以一窺心智的物理基礎。

　　如我們所曉得的，神經細胞中的樹突，是專門接受訊息的，而軸突則是輸出訊息的。訊息於神經細胞雖是電性的傳導，但在神經細胞之間卻有空隙，就是生理學上所說的突觸（Synapse），電訊無法直接傳遞，必須靠某些化學傳導物質的釋放，才能達成任務。一個神經元的末稍，可以形成成千上百的突觸連結，與其他神經或是肌、腺體相接，而另一方面，一個神經元的本體上更可有成千上萬的突觸，接受來自各方的訊息輸入。每個突觸不一定同時活化，所造成的反應，興奮與抑制的都有，造成各種的加乘作用。因此每一個神經元都是整合中心，將來自各方的訊息整理後，再決定是否產生「動作電位」，往下傳送。

　　根據作者的研究發現，在人類的大腦中，通常有鈉、

鉀、氯、鈣這四種常見離子（帶有正或負電荷的原子）的移動，而形成電荷流。這些離子分布於神經元的裡面（鉀離子）或外面（鈉離子、鈣離子、氯離子），但無法隨意進出。因為他們被隔離於細胞膜的兩側，中間夾著一層脂肪酸。但是由蛋白質大分子組成的各種特殊構造，橫跨細胞膜兩側。這些蛋白質擔任橋梁的角色，讓特定的離子能夠經神經元外進入神經元內部。神經元一開始發送電訊時，帶正電的鈉離子會暫時進入細胞，使細胞內攜帶的正電在短時間比細胞外高。然而一旦電壓呈現正值，帶正電的鉀離子便會離開細胞，使電壓變得比平時具有更大的負值。當神經元以這種方式被活化時，電位差會發生短暫的改變，先有正值的電脈衝，接著是過頭的負電位，這種瞬間的正負電波，通常持續約一至二毫秒，是一種「動作電位」，與平時細胞沒有傳送訊息時，所維持的「靜止電位」並不相同。成千上萬的訊號隨時都以細胞體為中心，匯集在一起，密集連串的訊號隨時可能產生電訊，也就是動作電位。當這些訊號進入細胞體時，會形成一股強大的超電價（電壓的最終變化）。如果目標細胞中這種新的電位淨差夠大的話，對正電位敏感的鈉離子通道就容易開啟，然後促使下一個神經元產生新的動作電位。大多數腦神經元就是以這種方式，產生動作電位與目標細胞連繫，而讓動作電位抵達預定的目的地。根據格林菲爾德博士的說法，神經的傳導速度可以高達每小時兩百二十英里。

　　由於訊息的傳播需要靠神經元的電性及化學傳導物質，因而人類濫用藥物而形成的心理性成癮和生理性成癮，會引起分子層面的改變，例如受體的負調節等，自是影響傳播的過程與效果。這是不言而可喻的。

19. 談神經心理學

　　由於研究大眾傳播的關係，對於訊息進入大腦的歷程及其反應的行為，自然不能不注意。在這方面，「神經心理學」扮演著重要的角色。

　　神經心理學正式成為一門獨立且有系統的學科，不過是最近六十多年來的事。這個名詞的首次出現而被使用，起於1949年希伯（D. O. Hebb）在他所著的《行為的組織——神經心理學理論》一書，迄至1960年拉希里（S. Lashley）的研究論文集——《拉希里的神經心理學》出版後，神經心理學（Neuropsychology）這個名詞才被廣泛使用。尤其在臨床醫學方面，有逐漸普遍的趨勢。目前許多歐美的大學都把神經心理學列為臨床訓練的必修課程，並且設有神經心理博士班，但在國內有關引介神經心理學的參考書，仍極缺乏，這是很可嘆的。

　　二十多年前，曾是中央研究院副院長的楊國樞，約集了一批學者，準備出版心理學叢書。而由梅錦榮撰寫的《神經心理學》，至1991年始告出版。梅錦榮於1971年畢業於臺大心理研究所，1976年獲得香港大學心理學博士。隨後並在紐西蘭接受臨床心理專業訓練，先後在新加坡國防部、衛生部和國立大學醫院負責臨床心理學工作，其後擔任香港大學心理學高級講師，他的著作與研究興趣包括醫學心理、神經心理與毒理學等方面。

　　他所撰著的《神經心理學》一書，分別介紹大腦的結構以及常見的腦病變，同時也論述了各腦葉的功能。但他強調這並不代表它們是個別獨立的。許多心理功能都有賴各腦葉的共

同參與，和協調運作始能達成。書中也介紹了「神經心理評量」與「腦功能的復健工作」。而我個人則比較側重「感覺與運動」，「語言與記憶」兩部分，因為這都跟傳播有密切的關係。

書中強調：當個體聽到字句或詞語時，由原級聽覺中樞所輸入的聽覺訊息，為維尼克（Wernicke）中樞所接收。若個體要複述所接收的詞語，則訊息由維尼克中樞透過弓狀束送到布洛卡（Broca）中樞，將聽覺訊息轉為發音的形式，再送到主管言語肌肉運動的運動區（即面中樞）。若要拚字，則聽覺訊息全被送到角回，轉換為視覺的形式。另一方面，閱讀字句時，由原級視覺區輸入視覺訊息，經角回轉換為聽覺的形式進入維尼克中樞。換言之，閱讀是以聽覺的形式進行，維尼克本人認為這是我們學習文字過程中的必然結果。

從理論上來看，閱讀和書寫都須靠角回從中協調整合。角回可說是視覺和聽覺的接合轉換站。視覺上的文字訊息，必須在角回轉為聽覺的形式，閱讀時才有意義。換言之，閱讀時我們彷彿聽到自己的聲音。同樣的，在聽到一個詞語時，也必須在角回將聽覺訊息轉換為視覺形式，書寫時好像已先看到自己所聽的。角回既有這種轉換整合的任務，其損傷必然傷者在閱讀和聽寫方面有障礙。

書中將記憶歷程分為感覺記憶、短時記憶和長時記憶。但至關重要的長時記憶到底儲存在腦的那一部位？至今尚未確定。有的學者認為，左顳葉很可能是儲存語文材料的地方，因為固化長時間記憶的海馬迴結構，即在顳葉的範圍內，此則有待學術界進一步的證實。

神經心理學的運用正像認知心理學一樣，有助於傳播過

程與傳播效果的研究，這是殊值我們注意的。

20. 從心理學到人格理論

我之接觸心理學，始於大學和研究所時代。因為唸大眾傳播學，當然不能不接觸心理學。

記得當時給我印象比較深刻的有兩本書：一是孫本文教授的《社會心理學》，一是墨菲（G. Murphy）的《近代心理學史導引》。孫本文教授的書，寫於 1945 年 8 月。我喜歡他的文字典雅，行文如天馬行空。一方面既可瞭解社會心理學的內涵，一方面亦有助於中文的鍛鍊。老實說我是愛不釋手的。可惜的是，近六十年來社會心理學有很大的進展，而孫教授好像沒有重新再予修訂。這是很可惜的。墨菲的書自 1929 年初版以來，在美國一直是心理學史的標準著作之一，在國際上也是一部很有聲譽的書。其後在 1949 年與 1972 年曾有兩次較大幅度的修訂。1972 年新版是墨菲和合作者柯瓦奇（J. K. Kovach）共同修訂的。墨菲和柯瓦奇的心理學史，是以哲學和自然科學為背景來論述近代心理學的發展，對於心理學中唯物、唯心及二元論等各流派都有所介紹，脈絡也比較清晰；另一方面，這書的取材也比較廣泛、豐富，既有歷史深度，又能反映當代概貌。尤其難能可貴的是，作者也比較重視東方思想。中國古代著作中的心理學思想，也有所涉及。至於這些看法是否恰當是可以討論的。但至少提出了「東方與西方結合」的問題。

嚴格來說，近代心理學源自 1879 年馮德（Wilhelm Wundt）在萊比錫建立心理學實驗室開始，而能建立比較完整

學理體系,自成一家之言的,要推佛洛伊德(S. Freud)為最早,就是精神分析學。精神分析理論興起後不久,行為主義學說也隨著風靡學界,儼然成為科學心理學的代表。在這兩大理論陣營之外,1960 年代又有人本心理學的崛起,成為心理學的第三勢力。至於最近三十多年來,則認知心理學蔚為顯學,對於教學與傳播理論,影響尤為深遠。

這幾年我比較注意的一本書是舒茲(D. Schultz and S. E. Schultz)所著的《人格理論》(*Theories of Personality*)。這書出版於 1994 年,算是比較新的。書中分別介紹精神分析理論、新精神分析理論、特質取向、生命周期取向、人本主義取向、認知取向、行為主義取向、社會學習取向等這些大理論之外,也同時介紹了麥克利蘭(D. McClelland)的成就需求理論,查克曼(M. Zuckerman)的刺激尋求理論與謝利曼(Martin E. P. Seligman)的學得無助感理論等小理論的發展,可謂大小兼顧。全書由輔仁大學應用心理研究所五位研究生合譯出版,並由所長丁興祥教授校閱。我仔細閱讀之後,深覺趣味盎然,與郭為藩教授主編的《現代心理學說》有異曲同功之妙。這對於研究人格理論的初學者,自是一大福音。

21. 榮格與佛洛伊德

在精神分析學的領域裡,我喜歡榮格(Carl Jung)的理論更甚於佛洛伊德(Sigmund Freud),但佛洛伊德享譽全球,名氣比榮格要大得多,這大概因為佛洛伊德是開派鼻祖的關係吧!

如所周知,佛洛伊德(1856～1939)是二十世紀最具影

響力的心理學家之一。他所創立的「精神分析學」不僅是現代心理學劃時代的一頁，而且影響到哲學、教育學、醫學、社會學等學科，更進而使我們看待自己與這個世界的觀點，產生了莫大改變。但由於佛洛伊德的著作是開創性的緣故，他的理論自然難免有一些缺陷。而榮格（1875～1961）正是針對這些缺點加以修正和補充，同時溶入了他自己的發現與創見，形成了分析心理學或新精神分析學。

　　榮格也是一位精神醫師，瑞士人。他有一部自傳──命名為《回憶、夢、省思》，書中詳述他與佛洛依德相識，分開與分析心理學的形成。1907 年他和佛洛伊德開始熟識的時候，他已是一位享有聲譽的教授了。由於他比佛洛伊德小十九歲，佛洛伊德正式收養他為長子，並指定為精神分析學的繼承人，同時把他推上國際精神分析學會會長。而榮格也把佛洛伊德視為一個父親的形象。但隨著理論研究的發展，兩人終於不得不分道揚鑣。

　　榮格與佛洛伊德的理論，最重要的不同之點在於：第一、佛洛伊德過分強調「性」為人格動力的本源。他把利比多（Libido）理解為性愛，而榮格則不以為然。他將「慾力」重新定位為人格的普遍性動力，那是一種包含了性慾在內的心理能量，不僅僅是性慾而已。因為個人生命中除了性慾之外，還有許多其他的慾力和需求。第二、佛洛伊德特別強調童年生活，及過去經驗對人格發展的決定作用，而榮格則認為，這無異是把人類當做過去的囚犯或罪人。榮格主張，未來和過去都同樣型塑著人格。我們不單是被小時候所發生的事情影響著，熱切於未來的目標也同樣影響著人格。第三、佛洛伊德強調潛意識為人格的本源，認為潛意識（unconscious）是受壓抑、

被遺忘的心理內容，它退居意識的幕後，但又很容易浮現到意識的領域中來。榮格也非常強調潛意識對行為的作用，但卻擴大了內涵，把潛意識分為個人潛意識與集體潛意識，而榮格特別重視的，毋寧是集體潛意識。集體潛意識貫穿了榮格的全部理論。所謂集體潛意識，就是人格的種族本源。那是來自於人類祖先累積的經驗，潛藏在人類的記憶裡，這份遺產一代一代的相傳下去。它是經驗的寶藏，也儲存了人類整個演化的分類和進程。它以某種方式傳遞給我們每一個人，在每一個人的大腦裡重複著。而其能量有時在一剎那間可能顯現。此種記憶或經驗，與宇宙意識相連結。有的心理學家把它稱為「原型心像」。

　　許多學者認為，集體潛意識的概念，是二十世紀的重大發現，與佛洛伊德「夢的解析」，相互輝映。

　　個人潛意識與集體潛意識究竟有什麼不同呢？榮格自己曾這麼說：「或多或少屬於表層的潛意識，無疑含有個人特性，故稱其為『個人潛意識』，但這種個人潛意識有賴於更深的一層，它並非來自於個人經驗，並非從後天中獲得，而是先天就存在的。這更深的一層就定名為集體潛意識。選擇『集體』一詞，是因為這部分潛意識不是個別的，而是普遍的。它與個性心理相反，具備了所有地方和所有個人都有的，大體相似的內容和行為方式，換言之，它在所有人身上都是相同的，同時它組成了一個超個性的共同心理基礎，並且普遍的存在於我們每一個人身上。」

　　在榮格看來，人格作為一個整體、就被稱為心靈。心靈由若干不同但彼此相互作用的系統或層次組成，也就是意識（自我），個人潛意識和集體潛意識。而集體潛意識中又有

心理原型。無論是意識、個人潛意識或集體潛意識，都對個人行為模式發生重大的作用。

照榮格的看法，人的意識彷彿處在兩面受敵的地位。它既受外部現實的影響，又受內部現實的制約。榮格說：「意識的後面並不是絕對的空無，而是潛意識心理。這種潛意識心理從後面和從內部影響我們的意識，正如外部世界從前面和從外面影響我們的意識一樣。」也正因為如此，所以人們意象的形成，僅僅是那麼在一瞬間集合起來的內容。這種集合，一方面固然是潛意識自發活動的結果，另一方面也是意識處於某種瞬間狀態的結果。從這一點來看，傳播之能否發生效果，主要便決定於「引起注意」及「激發需求」的程度。

榮格把自己的學說稱之為「分析心理學」（Analytical Psychology），在精神治療上應用得很廣。

正因為人類具有原型心像，所以美國神經生理學家保羅‧麥克林博士，在 1970 年發表「三層腦理論」時便指出：人類最深層的腦幹，也就是爬蟲類型的腦，藉由心電感應傳遞訊息；大腦邊緣葉是原始哺乳類型的腦，傳播媒體為圖像，大腦皮質是新哺乳類型的腦，傳播媒體是語言。它們都發揮了頻道傳播的功能。在人體中起著作用。

以心電感應來傳遞訊息，在科學上如何驗證法？如何開啟法？這將是科學家與傳播學者的重大課題。

22. 超右腦革命

日本腦生理學家與教育專家七田真，出版了一本石破天驚的巨著──《超右腦革命》。造成了轟動。不到半年，就

突破了三十萬冊的銷售量，許多報紙雜誌都撰文評論。從這書的內容來看，的確是石破天驚，與我們過去所理解的大腦世界，有所不同。

七田真是一位權威學者，不致危言聳聽，他所創辦的七田幼兒學院與七田幼兒教育研究所，受到極高的尊敬，也正對日本兒童進行訓練計畫。他舉了許多活生生的例子，證實他的訓練理論，令人瞠目結舌。果真他的理論獲得更進一步的證實，則人類必將衝向嶄新的境界，開啟新的世代。

根據七田真的理論，每個人都具有特殊能力的電路，但多數人因為不知道，所以無法充分活用，就好像懷有重寶而不知其存在。只要能夠發掘出這種秘藏的能量，人類行為將會完全改觀，也能夠對準宇宙意識，擷取宇宙訊息，而無論是記憶力、企劃力、直覺力或計算力，都將大幅提升，對事業與人生有極大的幫助。而其關鍵所在，就在於能否「開啟右腦」。

七田真以為，右腦的感覺在人類大腦的未開發領域。右腦的感覺在人類的深層意識中。普通一般人只使用左腦的感覺與意識，右腦的感覺與深層意識，則因為不知道引導的方法，或訓練的方法，一直無法充分使用。一般說來，人類所擁有的「腦力」，真正使用的不到 3 ％，如果能夠提高到 10 ％，會具有不可思議的能力。而這種能力自古以來就隱藏在人們的腦裡，是一種超越時間、跨越空間，與無限境界相連結的能力。也就是一般人所說的「特異功能」。

人類所以可能會有特異功能，是因為間腦的結構。間腦位於大腦正中央，左右各有一個。能夠感應到宇宙意識，發揮神奇力量的就是右半邊的間腦，右腦的功能也根源於此。在間腦裡面的「松果體」，能分泌腦內荷爾蒙。在學術領域裡，

這種荷爾蒙統稱「縮氨酸」。這種縮氨酸目前已經發現有二十多種，都具有不同的功能。自從松果體的奧秘被解開以來，它就被視為「第三隻眼」而備受矚目。

過去二十多年來，七田真一直在訓練幼兒，開啟右腦，以顯現出使用右腦的能力。有些小孩在電視節目中，展現出超乎尋常的記憶力及計算力，有些小孩擁有日本第一彈跳床體操的絕技，更有些小孩能在極自然的情況下預測地震，或是從撲克牌的背面百分之百正確透視牌點。而其訓練重點，就是讓腦波處於「θ 波」的狀態，使其能使用右腦的深層意識，也就是與宇宙動能相結合。

七田真在 1994 年出版的另一著作《右腦智力革命》中，更詳析開啟右腦的卓越功能。

根據七田真的研究，現代人已能控制生理上的反應。而事實上，個人可以左右自己的免疫力，透過意志，包括體內免疫功能的細胞與荷爾蒙的反應，都可以憑藉意識產生物理和化學變化。這正是最尖端的研究課題。換言之，自己怎樣才能控制到細胞層次？秘密就在間腦。間腦是人腦的控制塔，丘腦下部就是間腦的中樞。當這個部位喚醒之後，人就會變身為超級強人。

要讓丘腦下部發揮功能，就需要旁邊松果體的作用。訓練可以喚起松果體，讓褪黑激素、血清胺、內啡肽等荷爾蒙隨時隨地有需要，就可以瞬間製造出來。想像與暗示都是運作意識的關鍵。不要小看想像。想像具有治療疾病的力量，一種把自己引到過去全然不知的高度知識與經驗的層次。當開始運用想像時，自己的能量、集中力、運動能力、記憶力、直觀力、與創造力都會提高。利用催眠暗示也能達到這樣的效果。精神

分析學家就常利用催眠暗示，診療疾病。間腦訓練的目標，就是要讓眼中隨時出現光線。當人類能使用意識自由的控制間腦的時候，就會變成一個嶄新的人。要能像這樣使用意識，除了催眠暗示和想像法之外，還有其他幾種方法，最常見的就是氣功。氣功能激發人體潛能。少林武功與太極氣功之所以風行國際，就是這個道理。

這真是石破天驚的理論與訓練方法，也難怪在日本會造成轟動，並逐漸擴散到美國與臺灣來了。

23.「學習革命」

近數十年來，教育學者與傳播專家無不殫精竭慮，積極從事學習與傳播效果的研究，現在已經獲致了突破性的進展。有的學者把它稱之為「學習革命」。

自 1981 年，美國加州理工學院教授史派利博士（Roger W. Sperry），因研究左右腦而獲頒諾貝爾獎之後，人類對於右腦與左腦的功能，有了比較進一步的瞭解。史派利博士在實驗中發現，左腦與右腦這兩個半球，完全以不同的方式在進行思考。左腦是用語言思考，而右腦則以圖像思考。這也就是說，左腦是「語言腦」，把進入腦內的訊息，轉換成語言傳達；而右腦則是「圖像腦」，以圖像處理訊息。換句話說，左腦處理訊息，是屬於「直列處理方式」，比較費時而且少量；右腦處理訊息，是屬於「並列處理方式」，瞬間即可完成，而且大量接受，記憶時間還可長久。所以今後在學習方面，不應該再只是填鴨式的教授知識，更重要的是開啟右腦，引發創造力。

　　專家們指出：過去我們都是應用左腦學習語言，假如能夠使用右腦，以照相記憶方式學習，一天可以記得一百至二百個字。一種外國語言，只要半年到一年的時間就可以精通。這也就是幼兒學習外國語文特別簡單的原因。

　　由於大腦兩個半球功能的新發現，以及學習技術的新進展，1994 年，美國教育學家吉妮特・佛斯（Jeonnette Vos）與電視節目製作人高頓・戴登（Gordon Dryden），出版了《學習革命》一書，副題是「開發神奇大腦的終身學習法」。這書除了說明，即時通訊的資訊時代與神奇的大腦時代為明日世界的趨勢外，同時還蒐集了世界各國目前研究加速學習法的各項成果與方法，使人們能夠瞭解學習革命的大趨向。目前澳洲有些中學的法語課程，已應用了新方法，可以讓學生在八週內，學會原本需要三年才學得完的法語，著有成效。這真是學習革命的大突破。

　　綜合來講，要達成學習革命的目標，必須掌握幾個要點：

　　——**打開心門**，讓每個人能進入自己最有效的「腦波頻率」，「要學得快，必須讓腦子慢下來」，處於所謂的 α 波狀態，也就是最佳的學習狀態；

　　——**訓練善用右腦**。柔和的音樂、深呼吸與冥想，都能激發右腦，並和 α 腦波產生共振共鳴。歷史上把右腦運用得淋漓盡致的，要算十八世紀的天才作曲家莫札特了。他曾說：「整首樂曲都是在一瞬間完成，其他時間只是用來把它寫成樂譜而已」。因為右腦是音樂的腦、是藝術的腦、是智慧的腦、是圖像的腦。刺激右腦，能刺激分泌「腦內嗎啡」，提升智力與記憶力，促進身心健康。尤其是，右腦還有一項不為人知

的功能，就是人類累積下來的智慧，以遺傳因子的方式儲存在那裡。因而右腦也被稱為「祖先腦」。愛因斯坦說：「我在思考時不是用語言，而是以躍動的形式和映像來思考，然後再整理出來，努力把它轉換成語言的型式。」這正表示他是個善用右腦的人。

──**繪製心靈藍圖**。將所有的重點聯結起來，形成映像與藍圖，便於體會與記憶。當然有許多技術問題是必得相互配合的。

學習革命與資訊革命是二位一體的，鑑於知識爆炸與第三波傳播時代的到來，如何趕上時代，而不為世界潮流所淹沒，實在是值得我們深思與研究的重要課題。

24. 腦內革命的啟動

1995 年，日本醫師春山茂雄出版了《腦內革命》一書，很快就突破四百萬本的銷售量，創下日本平成年代銷售量最高的紀錄。次年，他又發行第二冊，同樣盛行不衰。這真是傳播出版界的奇蹟。

春山茂雄是日本田園都市厚生醫院院長，畢業於東京大學醫學院，為醫學博士。《腦內革命》第一冊的主題是「腦內荷爾蒙創造不同的人生」；第二冊則為「促進身心蓬勃發展的實踐法」。這是一本醫學的書、也是勵志的書、開發潛能的書。他用科學證據告訴人們，只要運用正面的思考模式，善用右腦方法，腦內便會分泌「腦內嗎啡」等二十種好的荷爾蒙，使人感到快樂，增強免疫力，保持身體健康；相反的，當人總是用負面思考來應對生活中的種種情況，腦內會分泌很強的毒

性物質，人體便落入一個惡性循環，有害健康，人心也很難存在一個安定的狀態。

春山茂雄博士自小就跟祖父受東方醫學的訓練，及長，進入東京大學接受西方醫學教育。1987 年，在神奈川縣開設田園都市厚生醫院，採行融合東方與西方醫學的治療及健康方法，廣受好評。1996年4月，又在東京新宿開設瑪荷洛巴俱樂部，從事新穎的多方位醫療事業，廣受大眾傳播界注目，並成為日本厚生省認可的健康運動醫師，及勞動省認可的產業運動醫師。

春山院長在《腦內革命》一書中一再強調：誘發腦內革命的三個條件是冥想、運動和飲食。

據春山茂雄的看法，應用於東方醫學治療的針灸麻醉，也可以藉腦中分泌具有近似麻醉藥中的嗎啡般的荷爾蒙來加以說明。不僅如此，就連氣功或者冥想等機制，也可以藉分子生理學來說明其與荷爾蒙物質功能之間的關聯性，這些健康顯現的效果，開始在現代醫學中受到支持。

他說，藉著東方醫學與西洋醫學的組合，以前不可能和沒有生病的患者，面對著醫師，也能夠在未生病以前，即在「未病」的階段，向其提供健康和長壽的方法，這不就是真正的醫療嗎？而這種不生病的醫療，也就是防患未然，正可以銳減醫療資源，可以減少醫院中堆積如山的藥劑。所以春山茂雄強調：真正的醫學是不要生病。因此，在飲食方面要注意高蛋白、低熱量；在運動方面則要鍛鍊肌肉、燃燒脂肪。至於冥想，要正規化是比較勉強一些，但是讓患者進入冥想房，從事有益的默想，並測定其腦波，同樣可以進行治療。

人類的大腦內，本來就具有分泌腦內荷爾蒙的潛能，春

山茂雄說，如果能夠激發腦內荷爾蒙的分泌，事實上可以活絡免疫細胞的機能，對於像愛滋病這樣的疾病，也可能會產生抵抗力。

由於春山院長的這些體驗與說法，難怪會引起醫師們研究「腦內革命」的興趣了。

25. 高峰表現的心靈──「覺醒之心」

美國精神分析學家安娜·懷斯（Anna Wise）教授，在1995 年出版《高峰表現的心靈》（*The High-performance Mind*）一書時，學術界人士都嘖嘖稱奇。因為她把心理分析學推展到另一實用的高峯境界。

懷斯這書，主要在說明「覺醒之心」的腦波型態。所謂「覺醒之心」，是指四種腦波，即 β 波、α 波、θ 波和 δ 波同時存在，呈現出適當比例和關係。在此種腦波型態時，你會同時經歷到直覺的、有同理心的 δ 波，有創意、靈感、個人見識、心靈覺知的 θ 波，有接近能力、放鬆、不在乎、有知覺的 α 波，和能夠精思細算的 β 波。而此種腦波型態，是可以經由訓練而習得的。也就是你可以學習駕馭自己的頭腦，喚醒你的心靈。

懷斯是已過世的英國著名心理生物學家和物理學家麥斯威爾·柯得（Maxwell Cade）的弟子。柯得是英國皇家醫學會極少數非醫學者的會員之一，也是英國腦電描記生物反饋（EEG Biofeedback）的鼻祖。柯得在童年時，受過傳統式的靜心與禪學教育。成年後，當他對科技有足夠的知識時，對於腦波測量產生興趣。柯得與電子專家傑弗里·布蘭德爾（Geofferey Blundell）合作，研發出腦電描記生物反饋器。他們將它命名為「心鏡」（mind mirror）。應用頻率分析法的心鏡，可以同時測量出左右腦各十一個不同的頻率，由此可容易的辨認出測試者的意識狀態。

懷斯特別從美國到倫敦，跟柯得學習和工作八年，於1981 年回到美國，開始自己的研究工作。她發現不論一個人的宗教信仰、觀念或家庭背景是什麼，在有創意靈感的一剎那，「覺醒之心」的腦波型態都會發生。

懷斯強調，要想過一個豐富的人生，左右腦平衡作用是最理想的，但一般而言，兩邊總是有些差異。冥想與大腦訓練會改善左右腦的不平衡。

將近二十年來，安娜·懷斯經常在依莎蘭學院（Esalean Institute）教授生物反饋冥想與腦波訓練，也在美國、歐洲、亞洲和南美洲各地帶領過工作坊與研討會。1997 年，小說家杏林子劉俠的姊姊劉儀博士，在讀完懷斯的這書後，認為腦波訓練是真正能夠幫助我們發揮潛能的實用工具，於是毅然決定要將它譯為中文。劉儀原是學物理學的，獲得美國德州大學物理碩士和華盛頓大學系統科學與數學博士學位。其後以研究科學的精神，展開了對潛能開發、心理學、人際溝通、量子療癒與意識進化的探索，終於獲得心理治療，行為系統分析與輔導的合格執行師檢定資格。她並親自訪晤了懷斯，體驗腦電描記生物反饋與腦波訓練的方法。懷斯這書的中譯本在 1998 年 4月出版了，並命名為《潛能總開關——運用腦波啟動內在力量》。

當代有許多管理學大師、心理學大師，不斷的告訴我們，組織與個人要學習什麼，一再的在學習內容上創新，但卻

幾乎很少有人在提升學習的基本能力上，提供突破性的新方法。誰不曉得要「激發心靈潛能」、「釋放創造能量」？但如何去實踐卻是個大問題，也只能靠自己探索。劉儀博士認為，書中的技術正可提供你自我超越、持續與擴張尖峰經驗，更上一層樓的方法。

從這書的內容來看，與《超右腦革命》一書的作者——日本神經學家七田真，教授訓練兒童的方法，或許可以稱得上是「殊途同歸」吧！

26. 孫悟空的「意義構成」

1997 年 9 月，《西遊記》中的「孫悟空」，成為臺灣政界與民眾的熱門話題。這是因為李登輝總統在中南美洲的「太平之旅」告一段落後，輕鬆的和媒體記者閒談時引起的。

李總統以半開玩笑的口氣，把宋楚瑜比喻為孫悟空，說他「四處跑來跑去，總是要跑回來的嘛！」「就像孫悟空一樣，逃不出如來佛的掌心！」

究竟孫悟空象徵什麼？人們如何解讀？這就牽涉到「意義構成」的傳播問題了。

孫悟空是《西遊記》中的靈魂人物，而《西遊記》是中國通俗小說中，普遍深入民間的文學作品，幾乎可以說是家喻戶曉，因而民眾的談話興趣也就特別的熱烈。

美國傳播學者狄福樓（M. L. Defleur），在他有名的《大眾傳播學理論》一書中，特別強調大眾媒介對意義構成的重要性。狄福樓把人們的社會化過程，歸納為意義構成。所謂「意義構成」，就是人們通過感官的感知，在頭腦中發展出對現

實世界的內心圖像和理解，而形成意義。這種理論，事實上就是華德·李普曼（W. Lippmann）在《民意》一書中所說的「心像理論」。這也正是人類知識的基礎。而大眾傳播對於現實的陳述，正扮演著重要的角色。

按照狄福樓的說法，概念的形成是社會常規可循的，也就是意義的構成是有一定常規的。如果意義構成沒有共識，便會發生象徵性相互作用的困難。今天人們對於「孫悟空」的解讀，正是言人人殊，莫衷一是。

對於孫悟空的意義構成，有人解讀為：李總統是如來佛，宋楚瑜是孫悟空，而連戰則是唐三藏。有人解讀為：沒有孫悟空，唐僧就無法取經。李總統的比喻乃是親暱的表現，顯示其有意化解李宋僵局的誠意。孫悟空的說法，只是表達幽默的方式罷了。

我個人倒認為，宋楚瑜省長自己的解讀，真是精采極了，深得政治學的精髓。宋楚瑜說：《西遊記》裡的孫悟空，是一位忠誠、忠心的人物，他「樂意、開心」去做孫悟空。能像孫悟空般來去自如，到各地去為老百姓服務，那是最開心的事。不過他強調：孫悟空需要遵守兩個「緊箍咒」，一個是「法律規範及國家體制」，另一個是「民意輿論監督」。因此不論如何神通廣大，不能隨心所欲，任意作為，否則百姓唸起「緊箍咒」就要頭痛了。任何政治人物任期不論四年、三年，其政績一點一滴刻在人民心中，無法逃過人民監督的手掌心。民心如秤，有沒有做事人民最清楚，若稍有懈怠，不能實現對人民的承諾，百姓將以輿論「緊箍咒」逼進。雖然他難免為一些事不開心，但擔任省長期間能夠替百姓服務，仍覺得很開心，他樂意做可愛的孫悟空。

這真是火眼金睛，慧心獨具的「意義構成」了。

27. 狂人賓拉登的異象

二十世紀落幕前夕，人類社會出現了一位舉世聞名的恐怖主義狂人賓拉登（Osama Bin Ladin）。他竟公開發起「毀滅美國」運動，號召回教徒看到美國人就格殺勿論。這真是瘋狂的人所做的瘋狂的事，令人膽顫心驚。

根據賓拉登自己的說法，他的目標是要「統一所有回教徒，建立一個秉持哈利法（真主）教義的政府」。在他看來，現今幾乎所有的回教政府都是腐敗的，因此他帶領狂熱信徒，在阿富汗、波士尼亞、車臣、索馬利亞等地從事反政府活動。而美國駐聯合國代表團也告知安全理事會，賓拉登集團在近幾年涉及十八件恐怖分子攻擊事件，包括殺戮在葉門的美軍、攻擊沙烏地阿拉伯的美軍訓練基地、六件太平洋上空的美國航機爆炸案、1991 年暗殺教宗若望保祿二世的陰謀、1993 年攻擊索馬利亞的聯合國和平部隊、1993 年紐約世貿大樓爆炸事件、1995 年企圖暗殺埃及總統穆巴拉克、1997 年埃及路克索的觀光客屠殺事件，以及 1998 年 8 月 7 日美國駐肯亞及坦尚尼亞大使館的炸彈攻擊事件。

當 1998 年 8 月 20 日，美國總統柯林頓下令美軍，以戰斧巡弋飛彈攻擊阿富汗及蘇丹境內的兩處恐怖主義分子基地時，賓拉登也再次揚言，將再採取攻擊行動。因此，柯林頓政府官員籲請海內外美國人提高警覺，全力對抗恐怖活動。

賓拉登出生於沙國富豪人家，以雄厚的財富聞名於世。像這樣的一個人，何以具有那麼恐怖與暴力行為的傾向？近十

多年來神經科學的發展，很可以為這種恐怖與暴力心理下一註腳。

　　美國許多神經科學家，已致力於研究此種恐怖與暴力行為的根源。像麥基爾大學的賽蒙‧楊（Simon Young）與羅勃‧派爾（Robert Pihl）教授、費城賓州醫學院的艾默‧柯卡羅（Emil F. Coccaro）教授、洛杉磯加州大學的邁可‧拉雷（Michael Raleigh）教授、國家縱酒及酗酒研究所的狄‧希格雷（J. Dee Higley）教授與保羅‧安德瑞森（Paul Andreason）教授、以及哈佛大學醫學院的費爾頓‧厄爾斯（Felton Earls）教授等，在這方面的研究都有驚人的突破。他們以PET（正電子放射斷層掃描攝影）觀察腦部思想與情緒運作的情形，發現個人腦部血清胺或正腎上腺素的異常，實為恐怖與暴力行為的生物化學基礎。換句話說，人類恐怖與暴力或攻擊行為，主要來自於：一、血清胺量低；二、正腎上腺素過高。因為血清胺的作用，有如衝動的煞車，而腦部的示警荷爾蒙──正腎上腺素，則好像油門一般。這兩者都是力量強大的腦部化學物質。而當低血清胺加上高腎上腺素時，暴力與攻擊行為目標向外，當低血清胺配上低腎上腺素時，則攻擊行為朝向自己，例如暴力自殺等。尤其可怕的是，正腎上腺素量低的人，其暴力與攻擊行為最主要的特徵就是「冷酷無情」與「毫無悔意」。

　　因此，近年來暴力生物學的發展已益加成形。神經科學家與化學家們，針對暴力與攻擊行為的預防，也已研發若干新藥，俾能調節血清胺與正腎上腺素的高低。很有可能到了二十一世紀，會有一種脾氣和性格的生物學出現，幫助我們了解身為物種的自己。

28. 馬斯洛與資訊傳播

人類有各式各樣的需求，能夠滿足這些需求的資訊傳播才容易發生效果：如果資訊傳播無法滿足人類的需求，則此傳播注定失敗無疑。

人類的需求有其層次與定序，在這方面，美國人本心理學之父馬斯洛（Abraham Maslow）的研究理論，可以作為註腳。

人本心理學這個名詞，是 1960 年代才被提出來的。這個學派的基本概念，乃根源於海德格（Martin Heidegger）與沙特（Jean Paul Sartre）所創的存在主義、胡塞爾（Edmund Husserl）的現象學、以及自蘇格拉底以來的人本主義思想。人本心理學派強調「體驗」，將研究焦點置於「人」，注意人的「內在生活」。強調人的價值與尊嚴，關心每一個人天賦潛能的發展。雖然，人本心理學者並不排斥研究動物，但認為如果只是研究動物，並不能提供對人的完全瞭解。因為人類有獨特的特性，例如創造性、選擇性、價值觀和自我實現。他們反對以機械論和還原論的方法，對待人的存在。人本心理學的核心便是在於使人發現他自己的存在，發現他與他人及社會團體的關係。這一派的學者，以馬斯洛為先驅，較著名的學者還有羅吉斯（Carl Rodgers）、奧爾波特（Gordon W. Allport）等人。

根據馬斯洛的學說，人類需求的滿足，可以依照優先順序，排成一個層級階梯的關係，層次越低，生存的威脅越大，也就越需要得到滿足，而較高層次的需求比較弱，且較不具必要性，所以其滿足可以被延遲。換句話說，在底層的需求至少

得到部分滿足後，上一層的需求才會變得重要。例如「飢餓的人」並不會渴望「得到尊重」需求的滿足。他們最要緊的是如何找尋食物以充飢，而不會擔心別人如何看待他。只有人類有充足的食物，還有最基本的需求被滿足了，他們才會對較高層次的需求發生動機。

那麼，人類需求的層次又如何排列優先順序的呢？馬斯洛將其層次區分為：一、生理需求；二、安全需求；三、愛與歸屬需求；四、尊重需求；五、自我實現需求；六、知識與理解需求；七、審美需求；八、自我超越需求。

依照馬斯洛的看法，每個人有其與生俱來的需求，此種需求引導著人類生長，發展與實現。需求的層次，首要的是「生理」的需求，例如食物、水、空氣、睡眠和性等，這些需求是個體生存所必要的資源，沒有這些需求的資源，便會威脅到個體的生命，生存就發生問題，必須優先獲得滿足與解決。其次是「安全」的需求。這在嬰兒及孩童時期，就已充分的表現出來。例如他們喜歡一個有組織、有規律、有秩序和可預見的世界，免於焦慮和恐懼。我們當中，有許多人都比較喜歡可預見而不喜歡未知的未來，比較喜歡規律而不喜歡混亂。這也就是為什麼我們會規劃未來，需要保險，選擇一個安全的工作而非冒險嘗試新的行業。但是這些需求對成人來說，並不似對神經質的人或嬰孩那麼具有強迫性；「愛與歸屬」的需求，在於避免孤獨寂寞，經由參與團體或與其他人發展親密的關係而得到滿足。馬斯洛認為愛的需求沒有得到滿足，是造成情緒適應不良的基本因素；如果我們能感受到愛與歸屬感之後，就開始發展「尊重」的需求，從自己本身可經由感受自我價值而來，經由他人則可從身分或社會成功而來。這就包括了「自我

尊重」的需求，與他人對我們尊重的需求，也就是人對自我完成的願望，一種使他的潛力得以實現的傾向。馬斯洛曾寫道：「音樂家必須製作音樂，藝術家必須繪畫，詩人必須寫詩……最終就是要達到心靈的寧靜」、「一個人能成為什麼，他就必須成為什麼」；也就是要能去發揮自己的潛力的需求。能夠滿足自我實現的人，馬斯洛以為不會很多。他們會展現第六層次的需求，即「知識與理解」的需求，他們對現實充滿了好奇心，希望能去探求、分析、解釋及瞭解事實真相，也經由此衝動激發個體建立知識和價值體系。第七個層次是「審美」的需求，此類需求追求結構、追求系統、追求對稱、追求完美。第八個層次則是「自我超越」的需求。這是人性充分的開展，人可以獲得自我的最大整合，包括忘我經驗、無我經驗、及對大我的感知。這種心靈的愉悅，會產生一種類似宗教經驗的感動。自我從其中昇華而整個人覺得非常的有力量、有自信而又堅決。馬斯洛稱這類事件為「高峰經驗」。高峰經驗正是自我超越的特質之一，也是人格圓滿的境界。中國道家所謂「無我」的精神與佛教禪宗所謂「頓悟」，正是這個意思。

馬斯洛把他的理論稱之為「整體動力論」（Holistic-dynamic theory），亦即「人類需求層次論」。他曾自謂他的理論乃是融合了詹姆斯（William James）、杜威（John Dewey）的功能學派傳統，韋特海默（Max Wertheimer）和完形學派的整體論，以及精神分析學派佛洛伊德（Sigmund Freud）、弗洛姆（Erich Fromm）、荷妮（Karen Horney）、榮格（Carl Jung）和艾德勒（Alfred Adler）的動力主義等精華而成的。無論在社會上，臨床上以及個人都頗為成功，

「已對多數人的個人經驗很有幫助，並給予其有結構的理論，使他們能夠有更好的內在生活。」

馬斯洛的需求層次論，是天生和具有個別差異的。他也確認了情境變項所扮演的角色。個人的行為是受到個體變項——人類天生的需求和情境變項——外在環境的特徵兩種因素交互作用而影響的。人之所以異於禽獸，是人有自我觀念或「核心系統」，能賦予外來刺激知覺以個別意義，並引導其行為趨向設想的目標。

既然人類需求有其個別差異，那麼資訊傳播的訴求內容，當然也要針對個別差異而設計，才容易發揮立竿見影的效果。

29. 神奇的心電感應

無論東方或西方，心電感應的故事，屢見不鮮。有人把這種遠距離的心靈訊息的傳遞，稱之為四度空間傳播，這在研究傳播理論的學者看來，真是玄之又玄了。

何謂「四度空間」？愛因斯坦把第四度空間界定為「時間和空間合而為一的世界」，這項說法在現實社會裡固然難以想像，但在潛意識的世界裡則可能存在。

日本神經生理學家七田真教授，在他的《超右腦革命》一書中就指出，潛意識如果開啟，將和宇宙意識產生共鳴。宇宙資訊就以圖像方式浮現出來。心電感應、預知力、透視力，以及精神力等也將一一出現，這就是第四度空間的現象。換句話說，宇宙充滿著波動，波動即是訊息。能夠開啟潛意識，就能夠自由自在的使用宇宙資訊，使訊息在潛意識的網路上來回

傳遞，這又是玄之又玄。

第一次提出人類具有潛意識的人，是精神分析學派的開山大師佛洛伊德（S. Freud），而開啟潛意識的方法，歐洲盛行催眠術，並以之應用於精神治療，而東方則注重禪修、冥想。東方與西方是截然不同的。

對於佛洛伊德的學說，瑞士的心理學家榮格（Carl Jung）更進一步提出補充。他把潛意識分為個人潛意識和集體潛意識。佛洛伊德認為個人潛意識是受到個人壓抑的記憶，榮格則認為，超越個人潛意識之外，還有人類共通的集體潛意識存在。這種集體潛意識累積存在於所有個人記憶的檔案裡，也就是心靈的最深層次，包含了人類以及前人類物種的經驗。這份遺產一代又一代的傳下來，那是經驗的寶庫，它以某種方式傳遞給我們每一個人，在人類的大腦裡面重複著，端看人們如何去開啟而已。

也因此，榮格提出了「同時多發性法則」的學說，也就是一種具有同樣想法的事物，可以在完全不同的場所同時出現的理論。許多歷史上的偉大發現，大抵都有同時發生的情事，就是這個緣故。例如發明電話的貝爾，是在麻州，但在伊利諾州的格雷也幾乎同時發明電話。只是時間些微之差而已，貝爾名垂青史，而格雷卻默默無聞。進化論也是達爾文和華理士幾乎同時把構想寫下來。相對論則是愛因斯坦與羅倫茲同時發現（不過，羅倫茲的相對論，與愛因思坦相對論的內涵不同），都是些微的時間之差。所謂天才，正是上天給予的才能，他們都能夠善用這種集體潛意識的網路罷了！

榮格的「集體潛意識」，是否真的存在？科學家們迄今仍無法證實，這正是許多心理學家們爭議的所在。也正因如

此，所謂「心電感應」等超能力（E.S.P）現象，世人與學者們一直存著懷疑的態度。然而在現實的世界裡，外出的遊子對於家中親人發生的重大事故，往往似有預感或顯得焦慮不安，此等現象卻又作何解釋？那真是玄之又玄了。不過，自從人體的「費洛蒙」分子發現後，此種理論似又獲得相當的驗證。只好等待進一步的研究了。

30. 康德與李普曼

　　有人一定會覺得很奇怪，十八世紀德國的哲學家康德（Immanuel Kant, 1724～1804），與二十世紀的新聞學家李普曼（Walter Lippmann），怎麼會扯得上關係？原因在於康德的「先驗圖式」與李普曼的「心像理論」，兩者都和認知有很大的關係。

　　康德是德國唯心論的創始人，他的最重要的一本書叫做《純理性批判》。他以為：「我人的理解，並不完全倚靠經驗，經驗絕不是知識唯一的淵源；經驗告訴我們某事某物是如此，但不能告訴我們為什麼必定會如此。它不能指示普遍的真理，而理性所追求的，恰為這類普遍的真理。」換句話說，後起的經驗雖然有變動，但真理卻絲毫不變，後起的經驗雖然有出入，而真理卻永遠真實的，它的真實在經驗之先，是先驗的。經驗只能表示個別的感覺與個人的事情，這類感覺與事情，也許在將來可能發生變動，但人的心靈形式是天賦的，並不是被動的白紙，必須要經驗寫在上面才能產生作用，它是主動的機能，有這主動的機能，散佚的感覺才能前後呼應，熔鑄成觀念。康德把這種先驗的心靈形式，稱之為「先驗圖式

（Schema）。

　　而李普曼呢？則不提「先驗圖式」。他在 1922 年出版了著名的《民意》一書，倡導「心像理論」。他認為，經由傳播的作用，「外在的世界」化為人們「腦中的圖象」。我們每一個人都需要熟悉自己所處的環境。包括實體的和心理的。但是現在已不是只靠個人的耳目感官，就可以監視環境的時代了，在我們耳目所能達到的有限範圍之外，大眾媒介的出現，延伸了人們的耳目，它聯絡外在世界變成我們腦海中的世界，而形成「心像」。所以心像是動的。而傳播媒介也擔當著塑型作用。

　　很顯然的，康德是以先驗圖式來吸納經驗，吸收訊息而形成知識。而李普曼則強調以傳播來輸送訊息，把外在世界化為腦海中的「心像世界」。

　　二十世紀偉大的心理學家皮亞傑（Jean Priaget, 1896～1980），則採用了「基模」（Schema）做為認知結構的基本單位。他認為基模是一種行動結構或組織，利用重複作用，可以類化或遷移於類似的環境。此外，基模與基模之間也能經由彼此的同化與調適，而發生交互作用，以求內在認知與外在環境經常保持平衡。皮亞傑以為，認知的發生是日積月累的，而了解則是從已經學到的東西中產生出來的。我們藉著這一路上獲得的許多基模，學習到目前所知的許多事情，變成了現在的我們。基模隨著時間而日積月累，我們在某個時刻下所擁有的基模，是特殊的個人歷史所構成的最終產物。

　　哈佛大學心理學教授，也是《EQ》一書的作者高曼（Daniel Goleman）說得好：基模是詮釋事件的骨架，當事件複雜時，基模就會連成豐富的組合。基模與注意力錯綜複雜的

共舞著。大量的基模靜默的潛伏在記憶之中，直到被注意力誘發出來。一旦基模變得活躍，將會決定注意力要追索情境中的那些面向。所以注意力和基模之間的互動，成為事物的核心，這就是康德、李普曼與皮亞傑論點不同之處。

31. 派深思與狄福樓

在研究大眾傳播的效果時，我個人比較喜歡以派深思的結構功能理論，來解釋宏觀的效果；以米德的形象互動理論，來解釋微觀的效果。而在解釋米德的理論時，我又喜歡以大腦生理學家麥克林的「腦部三位一體論」，以及諾貝爾獎得主史派利（R.W. Sperry）的左右腦功能理論來加以分析。本文專談派深思與狄福樓的關係。

如所周知，派深思（T. Parsons）是美國社會學界結構功能學派的泰斗，他的理論博大精深。哈佛大學的社會關係學系就是他創立的。也是當代科際整合研究的倡導人之一，如今雖已作古，但他的學說對於社會學與傳播學有著重大的影響。而狄福樓（M. L. Defleur）則是傳播學界的大師，他所著的《大眾傳播學理論》，至今仍盛行不衰，而他所倡導的「媒介系統依賴論」，獨樹一幟，蔚為大觀。

派深思認為，社會是一個大系統，在這個大系統中，又有許多次系統，各個系統之間的功能是相互關聯、相互配合、相互影響的。整合與均衡是社會系統運行的手段與目標。狄福樓的「媒介系統依賴論」，大抵上採納了這個看法。狄福樓也認為，媒介系統是社會系統中的一個次系統，本身有其結構與功能，但也與其他系統，如經濟系統、政治系統、司法系統

……等形成相互依賴關係。而媒介系統則掌握著訊息資源——蒐集與處理訊息,而與社會其他系統發生互動關係。所以當社會動盪時,訊息的傳播特別繁忙,社會平靜時,訊息的傳播也趨於和緩。綜觀現實社會,確是呈現此種現象。

派深思也提出了「訊息理論」。他更以訊息理論展現出模控學(Cybernetic)。他指出,「文化系統」對行動具有優勢的控制功能,而訊息與能量的交換,產生了系統裡的行動與過程。

進一步說,擁有較多訊息的系統元素,控制著擁有較高能量的元素。制約行動的因素就是提供能量的元素。因此,生物有機體是人格系統的能量供應者,而人格系統也供應能量給社會系統;社會系統提供文化系統以能量條件。相反的,文化系統提供給社會系統的是作為規範的價值取向,而社會系統又將它結合組成規範,控制著行動者的角色扮演。而行動者又提供訊息,控制人格的動機與個別的決策過程。最後人格系統再提供訊息性的控制,控制行為有機體的生理及神經過程。

很明顯的,狄福樓的「媒介系統依賴論」,受著派深思極大的影響。

我個人總覺得,傳播學、心理學、社會學,以及神經生理學是分不開的。這或許需要專家們作更多的科際整合吧!

32. 資訊經濟學的年代

在歷屆諾貝爾經濟學獎的得主當中,有兩個人的理論與大眾傳播有著密切的關係。一位是賀柏‧賽蒙(Herbert A. Simon),另一位是史蒂格勒(George J. Stigler)。賽蒙不僅

是一位政治學家、經濟學家，更是認知心理學與人工智慧的開山大師，本書中已有論述；而史蒂格勒則是一位產業經濟學家，對於「資訊經濟學」有很深入的闡發。

史蒂格勒出身於芝加哥大學，與另一諾貝爾獎得主傅利曼（M. Friedman）為同學，同時受業於自由派大師奈特（F. Knight）。史蒂格勒研究的興趣，主要以個體經濟學為領域，而他對於經濟分析的另一貢獻，就在於「資訊經濟學」。

凡人都曉得，知識即力量，可是知識的取得，往昔在經濟學裡並未受到應有的重視，如跟資訊有關係的廣告行為，以往並未受到重視，甚至還受敵視。而史蒂格勒則獨具慧眼，強調它對經濟活動所產生的影響。

史蒂格勒所倡導的資訊經濟學，主要在探討資訊的提供與資訊的搜求之間的關係。他認為資訊的取得與所付的成本，實際影響到廠商的生產，投資決策與研究開發等，而對於消費者而言，就牽涉到對品質是否有充分的了解，而不致發生所得不值所付的情形。

任何企業體或廠商，無不重視品質和品牌，這是他們成功或失敗的關鍵所在，也是他們的無形資產。廠商要營造良好的商譽，就勢必要設法提供正確的訊息，傳播給消費者。廠商強調品質，就表示市場中的產品不是同質，於是廠商之間的競爭，不只是價格的競爭；非價格的競爭，有時可能更重要。而非價格競爭的特性之一就是品質的認定。凡此都跟傳播有重大關係。近代的經濟活動，特別強調行銷傳播，正是這個道理。

資訊經濟學也與勞動經濟學互為表裡，兩者不可分離。如我們所曉得的，在勞動市場中，生產者找工人，工人找工作，這是基本的供需原理。生產者是在找合適的工人，而工人

則是在找較高工資的工作機會。但是工人找工作也有成本，於是成本及收益之間就會決定，工人的尋找次數。而就廠商而言，雇用新的工人一方面有徵雇費用，另一方面也有訓練成本。因此，如果訊息的傳播不健全，工人常更換工作，而廠商經常在找人，對整個社會及經濟發展可能有不良的影響。史蒂格勒把資訊的流通與勞動力的流向結合在一起，為勞動經濟學的研究拓展了一個新天地。

平實而論，今天人類的經濟活動，已與資訊結合在一起，已與傳播結合在一起，資訊經濟學的時代來臨了。

有關史蒂格勒的理論，他本人在 1961 年著有《資訊經濟學》（*The Economics of Information*），為其代表作；國內經濟學者薛琦，也有很深入的研究。他於 1983 年 8 月發表於中央日報出版的《諾貝爾經濟學獎論文集》的專文——〈產業經濟的拓荒者史蒂格勒〉，亦可供參考。

33. 資訊與知識形成「智慧資本」

有人說：加拿大傳播學者麥克魯漢（Marshall McLuhan）在 1964 年出版的《瞭解媒介》（*Understanding Media: The Extension of Man*）一書，是一部文學作品，而不是學術著作。因為學術著作有其一定的科學程序與方法，而且必須能夠驗證。然而從目前資訊科技與跟隨而來的資訊內容看來，實在不能不佩服麥克魯漢的真知灼見。

「資訊革命時代」這六個字，已經成為當前人類社會的口頭禪，從目前發展的趨勢來看，資訊科技及其訊息與跟隨而來的知識，已經滲入我們生活的每個角落，無所不在，這是我

們這個時代最重要的大事。

在人類歷史上，從來沒有任何一個時期，像我們這個時代變動得這麼劇烈，而這變動的關鍵就在於資訊科技與資訊內容。我們可以說，資訊無所不在，也無所不影響。噴射引擎固然改變了交通運輸，尼龍改變了服裝，電視帶動了新聞和娛樂起飛，但這些對我們每一個人來說，還算是間接的影響。至於電腦觸角所到之處，則是遍及各行各業，改變了每個人的工作，不論是焊接工、秘書、勞工、農人、會計師、經濟分析師、學者、作家，無不在其影響之下。除了十九世紀下半葉，偉大的發明家愛迪生將電力引入家庭之外，再也沒有另外一種科技革命，曾為人類的生活帶來這麼徹底的變化，甚至改變了基本的生活型態。電腦可以為我們作財務分析，開立收據，也能將「侏儸紀公園」裡的迅猛龍畫得活靈活現，也能為我們補衣服，所謂資訊科技革命，其實是資訊時代革命當中的一部分而已。嚴格說來，資訊革命正引導著今後的歷史與文化走向，跨入了千禧的新世紀。

隨著資訊革命的發展，不僅影響國家的成長與發展，連企業的基本結構與經營理念也為之丕變。今天，不論哪一行業，成功的公司都是擁有最佳資訊的公司，或是使用資訊最為有效的公司，而未必是財力最雄厚的公司。所謂「智慧資本」的理念也正應運而興。

美國資深新聞工作者湯瑪斯・史都華（Thomas Stewart），由於多年來在《財星雜誌》工作的關係，以一系列的作品為「智慧資本」的理論立下了里程碑，也奠下了他在國際間「智慧資本專家」的美譽。1997 年，他撰就了《智慧資本——資訊時代的企業利基》（*Intellectual Capital: The New*

Wealth of Organizations）一書出版，風行一時。

　　所謂智慧資本，是指每個人能為企業帶來競爭優勢的一切資訊、知識與能力的總合。這和一般企業界熟悉的土地、工廠、設備、現金等資產有所不同。智慧資本是無形無相的，它是一組工作人力的知識總合，當然包含經濟情勢的資訊在內。它是發明與創造十億美元新藥者身上的訓練和直覺，也是想出方法提升作業效率的工人身上的技術，也可能是企業內部的光纖網路，更是企業和顧客之間的合作關係，就因為這層關係在買賣雙方之間形成了牢固的紐帶，能將顧客一次又一次的拉回公司來。

　　一言以蔽之，凡是能夠用來創造財富的資訊、知識、智慧財產、經驗等智慧材料，就叫做「智慧資本」。它是腦力的集合，很難確認，更難完全發揮效益，可是一旦找到了，並能善加運用，你就是贏家。

　　在舊式的企業組織裡，土地、礦產、石油、能源之類的天然資源，以及人類和機器的勞動力，便是工業時代的天然資源；人類和機器的勞動力，便是工業時代創造財富的憑藉。過去的企業組織方式，原就在吸引金錢之類的資本，以利這些財富的管理與開發。但是在新的世代裡，資訊經濟興起了，財富已轉變為資訊與知識的產物，資訊與知識已經成為經濟首要的生產原料兼首要產品了。

　　根據美國經濟分析局的統計，民間花在傳統工業時代的引擎、渦輪、電力配送和控制機具、金屬鍛造機器、材料處理和一般工業設備，服務業的機具、採礦和石油業的設備、農業用具、營造器具等資本財，自 1982 年起，一直是一年一千一百億美元的持平狀態。在經濟衰退的時候，這個數字會減少一

些，在景氣好的時候會膨脹一些，但始終維持在一年一千一百億上下；不過花在資訊機器上的資本性支出倒是大幅成長。1982 年時，美國的企業花了四百九十億美元在電腦和電信設備上，到了 1987 年成長到八百六十億美元，1991 年花在生產科技上的錢是一千零七億美元，而花在資訊科技上的錢是一千一百二十億美元。所以 1991 年應該是「資訊時代元年」。自此以後，企業花在有關資訊的蒐集、處理、分析、傳播方面的金額，就一直高於碾壓、切割、組裝、堆高等機器，以及其他處理物質世界的金額，而且還一路增高。

　　由於資訊時代的來臨，大型企業也就起起落落。《財星雜誌》於 1954 年發布的第一期美國五百大企業，到現在已有三分之二不是消失無蹤，就是根本沒有資格躋身財星四十週年的五百大企業。從 1979 年到 1994 年，美國受雇於大型企業的工作人口，從一千六百二十萬人跌到了一千一百六十萬人，足足下降三分之一，而繼搖搖欲墜的大企業而起的，像諾基亞（Nokia）這種芬蘭電子公司的美國子公司，年銷售額達一億六千萬美元，但是員工只有五人。要不就像耐吉（Nike）這種不做運動鞋的運動鞋公司，他們做的是資訊的蒐集、研發、設計、行銷、分銷，這些全都是資訊與知識密集型的服務，而他們每位員工的年銷售額是三十四萬四千美元，比起財星五百大公司裡排名中間的公司的員工平均銷售額二十四萬八千美元，還要來得多。於此也可以看出，資訊與知識的「智慧資本」，在現代企業經營中的重要性了。

　　資訊與知識在新的經濟體系中，已扮演著主宰的角色，已成為經濟的首要資源，它絕對比原料還要重要，而且大部分的時間比金錢還重要。因而，資訊與知識所形成的智慧資本，

到底要怎麼運用，怎麼發揮功能，已成為當前企業的當務之急。

34. 資訊自由與個人隱私

　　人類傳播科技的進步，近數十年來著實驚人。1948 年，當貝爾實驗室的科學家發明電晶體後，促使現今電腦的出現成為可能。十年後雷射發明了，它對網際網路與高速資訊公路的建造更具有莫大的影響，而此二者都是近代物理學量子論的機械運用。等到 1980 年代個人電腦出現後，資訊科技進一步影響了人類的生活，1993 年秋天，「全球資訊網」正式公布後，電腦結合網路，成為威力無窮的新媒體，持續的走入人類生活的每個角落，徹底改變了人類生活。在人類歷史發展進程中，這是空前未有的巨變。

　　今天，個人電腦已經質變為個人的通訊器，透過個人電腦的瀏覽器（Browser），可以通往全世界，讓我們不僅可以看資訊、抓資料、聽音樂、看影片，還能與人聯絡、交友聊天，甚至購物，或發表新聞與政論。這正是美國歷史社會學家艾文‧托福勒（A. Toffler）所說的第三波的「資訊革命」或「資訊社會」。

　　資訊社會引起了巨大的社會變遷，也改變了舊世界的運作規則，而在未來的歲月裡，資訊網路必將成為人類生活的基本需求，也將產生新的生活方式。

　　美國太空物理學家，也是紐約時報排行榜的暢銷小說家布里恩博士（David Brin），1998 年就出版了一部巨著，名叫《透明社會》（*The Transparent Society*）。描述了資訊社會的

種種現實，以及未來的可能發展。而他更關切的則是個人隱私、資訊自由以及責任的複雜議題。這書的中文版，1999 年 7 月在臺灣問世。

布里恩博士在這書中，旁徵博引，系統地從歷史、人性、科技的觀點，以及從法學、哲學、社會學、政治學的角度，來說明個人隱私權與資訊自由的爭議緣由與發展情況。書中夾敘夾議，清楚展現爭議的原貌，以及各自思考的不及之處。

布里恩很明白的指出：網路不僅引動一場通訊革命，同時更衍生出一個新的生活場域——虛擬空間（Cyberspace）。而這個新的公共領域，毫不留情的挑釁了一些社會既存的概念，例如接近使用權、智慧財產權、自由、管制與隱私等。布里恩提出了他自己的看法，亦即在公平盡責的基礎上，建立一個「相互透明」的社會，似乎是未來唯一該努力以赴的方向。換句話說，「相互透明」是網路世紀生活中，維護自由，隱私與責任的最佳法門。

關於隱私權究為何物？雖然法學家、社會學家及哲學家都有不同的闡釋角度，但他們都同意，隱私權是真正的個人主權，是一種個人在生活領域裡擁有的不被干涉的權力。當然，這包括了個人資訊不得在未經當事人同意的情況下，被探索、被透露及被運用的權力。這是一項基本人權，但是在今日資訊自由的大旗下，卻也不免被人恣意妄為。在資訊自由的環境裡，使用資訊者對於他人的個人隱私真的能自制自約，自我規範與盡責嗎？這問題顯然爭議極大。

資訊科技的力量滲透進人們的日常生活中，顯然已是難以遏阻。電腦儲存我們所有的財務記錄、教育背景、法律文

件、經歷嗜好，甚至解析個人遺傳基因的醫療分析的資料庫，已經日益普及。陌生人甚至可以在你不知情，甚至違背你意願的情況下，隨意檢視這些資料。至於街燈下的監視攝影機，以及電子測聽器，更能使人們的活動影像和談話，無所遁形或消音。將來超級攝影機或胡蜂型機器如何進出人們的家戶，我們更是防不勝防。如果我們意圖加以限制或規範，那麼我們將面臨許多有關方式、程度、技術、以及由誰來制定、執行與監督的問題。這不但可能孕育更多的權力腐化、舞弊浪費，也難跳開道高一尺、魔高一丈的困境。資訊的更開放，是否足以喚起使用者的自省？真能帶來更公平民主的社會？真能提升我們的生活品質，維護我們的自由嗎？這也正是爭論的議題。

根據布里恩的看法，儘管資訊自由為時代的潮流與趨勢，但我們還是要能擁有一些真正的隱私。隱私是自由的好處和產物。如果我們要維護自由與民主，假如我們真的自由，自由的個人就可要求一些隱私，在家裡、在爐邊、在臥室、在浴室裡，以及與少數幾人享有一些隱私是應該的。身為公民，還是可以要求一些隱私的。

社會的透明化不在於消滅隱私，而在於給予我們權力，去讓那些破壞隱私的人負起責任。隱私代表著家居的寧靜及獨處的權利。別人知道我的事或許令我不悅，但我無權管束他們的想法。不過，我們會介意別人對我們與我們所愛的人，做了些什麼事。我們都有權生活在安全的地方。

但是有一件事是可以確定的。在秘密，面罩及斗篷的世界裡，居心不良的人可以隨意製造傷害，但如果在光明一寸一寸照亮各地的領域裡，他們就不容易如願。

資訊自由流通，可以創造開放的社會，創造真正的民主

自由與社會進步，也可以消除顢頇的官僚作風，避免無效率的資源浪費，以及根絕營私舞弊和公權力的腐化；但資訊自由卻不可侵犯到個人隱私權，無論這個社會是如何的透明化，這是值得我們深切省思的。

35. 解析《數位麥克魯漢》

　　加拿大學者麥克魯漢（Marshall Mcluhan），是近代傳播學界的一位怪傑。有人說他是文學家，而不是傳播科學家。但是他提出的許多傳播概念，影響既深且廣。即使在今日的數位資訊時代，仍然發揮著領航的作用。

　　早在 1960 年代，麥克魯漢就被稱為「媒體的先知」。1964 年他發表了石破天驚的一部書，名叫《瞭解媒體——人的延伸》。他所創造的「地球村」、「媒體即訊息」等概念，成為世人熟知的名言。麥克魯漢死於 1980 年的最後一天，就跟死在個人電腦革命的門檻差不多。這場電腦革命在我們的世界裡，掀起了滔天鉅變，他生前雖未能得見，然而他所創造的概念，竟然是資訊時代最真實的預言，且為這場革命作了明白的闡釋。

　　紐約佛德翰大學傳播系客座教授，也是「連線教育網」的創始人暨總裁保羅・李文森（paul Lavinson），是麥克魯漢的忘年之交，也是麥氏一家人的好友。他自 1979 年起，即在大學裡教授「大眾傳播理論」，而所教的內容即以麥克魯漢的學說為主。1999 年，他將研究與教學成果，撰成了《數位麥克魯漢》（*Digital Mcluhan: A Guide to the Infomation Millennium*）一書出版。中文版則於 2000 年 3 月在臺灣問世。

　　這本書將麥克魯漢的重要見解與概念，加以闡釋。從最早的「媒體即訊息」、「脫殼之人」、「地球村」、「冷熱比」、「人人皆為出版家」、對麥克魯漢逝世前提出的「媒體律」等，完整的貫串了麥克魯漢的理論。李文森教授旁徵博引，他還將媒體理論融入哲學、文學、電影、大眾文化與網際網路等多元現象，使人們能從日常生活接觸的熟悉領域中，體會出麥克魯漢的真知灼見。

　　如所周知，自二十世紀以來，人類社會最大的變化之一，就是傳播科技的發展，麥克魯漢甚至認為，傳播科技決定歷史發展的軌跡與特質。真正支配人類歷史文明的，是傳播科技本身，而不是它的內容。每一種媒體都是「人的延伸」，不只劇烈的影響對人類的感官能力，而且觸發社會組織的巨變。

　　李文森說：世人常常誤解麥克魯漢所說的「媒體即訊息」這個命題。他提出這一命題，就是只要選擇要用那一種媒體，其於社會的影響，便遠大於怎樣用那媒體———世人一開始講電話、聽收音機、看電視、上網，世界就隨之不斷變化，而且還未必是因為世人說了什麼、聽了什麼、或看了什麼而變。但這命題卻老是被人扭曲成「內容」一點也不重要。事實上根本不是那麼回事。因為世上根本無所謂「沒有內容的媒體」，沒有內容就不成其為媒體。換言之，內容是媒體之所以成為媒體的「媒體格」所不可或缺的條件。

　　「透光」也是麥克魯漢慣用的語詞。他曾就電視提出一項驚人之論。電視之所以能抓住我們的注意力，教我們近乎催眠，就是因為我們的感官和大腦，一碰上「透光」的誘惑，就會有這樣的反應。繪畫、書籍、報紙和電影則否。因為這些媒

體的內容，是透過光線投射其上的折射效果，才傳達到我們眼裡。因此，光就感覺原理來看，我們就該看得出來，電視勝過書籍和電影之處，由於電腦一樣是透過「透光」的效果在運作，因此既有書籍的優點，又保有電視的感官魅力。

麥克魯漢又從爵士音樂裡借來「高姿態」媒體和「低姿態」媒體的語詞，所謂「高姿態」媒體就是具有嘈雜、鮮亮、清晰、安定等特性的媒體，也就是「熱」調性的媒體或「高解晰度」的媒體。「低姿態」媒體是指具有溫和、婉約、矇矓、多變等特性的媒體，也就是「冷」調性的媒體或「低解晰度」的媒體。高姿態媒體比起低姿態媒體來，更難抓住人的專注力。一般人碰上低姿態媒體，常會情不自禁的多下點工夫，會更專注些，去彌補這媒體的不足。例如同樣是幾行字，我們盯著短詩看的時間可能比散文要長，盯著漫畫看的時間可能要比圖片長，盯著小螢光幕看電視的時間，可能要比又大又清楚的電影長。

麥克魯漢晚年，提出了「媒體四大律」的概念，也就是加強、淘汰、重拾、轉化的概念。麥克魯漢說，不論是對哪一種媒體，不論是對什麼效應，我們都可以問四大問題：其於文化可有什麼加強、放大之處？其於文化又有什麼淘汰、削弱之處？其於過去，在先前被淘汰的世界裡，重拾了些什麼回來？其於潛勢消耗殆盡之時，又轉化成了什麼？以收音機為例，它將口語傳播的距離拉得很大，它淘汰了部分書寫傳播，報紙也因此失去了新聞傳播領先的優勢，它重拾了口語傳播在文字出現前的部分優勢；它後來還搖身一變，變成了結合聲音和影像的廣播媒體——電視，而書籍、報紙、廣播、電視，豈不又轉化成網際網路？新興的媒體，一樣可以用這方法檢

視。

至於麥克魯漢早先提出的「地球村」概念，在衛星電視與網際網路興起後，則又得到更進一步的驗證了。

與麥克魯漢的「傳播科技決定論」大相逕庭的，是當代社會學大師哈伯瑪斯（Jurgen Habermas）的見解。哈氏於1981 年提出「溝通行動論」（The Theory of Communication Action），強調訊息內容的雙方溝通，對於人類歷史文明的發展，扮演著關鍵性的地位。哈伯瑪斯批判「科技理性」對人類的控制。他用以抗衡「科技理論」當道的方法，就是「溝通理性」。他綜合了韋伯理性化發展的理論，涂爾幹、米德，派深思和馬克斯有關個人行動和社會結構的分析，還引用了「日常語言學派」的內容，建立起他的「普遍語用學」理論，進一步跟皮亞傑和高貝的結構發展心理學結合，以此來進一步說明和證明西方理性化的過程，是具有一種進化色彩的發展方向。

很明顯的，麥克魯漢強調的是傳播科技，而哈伯瑪斯強調的是訊息內容的「溝通行動」，兩者均有其偏重的意涵，這就像千百年以來，唯心論與唯物論的大爭辯。傳播學從科學的認知上反而演變成哲學的論爭了。

36. 莎翁的傳播公關理念

在世界文學史上，莎士比亞是震古鑠今的大文豪。他不僅是英國的瑰寶，也是世界的瑰寶。然而從公共關係的角度來看，他的作品也洋溢著「公關勝手」的理念，對於現代從事公共關係的人，具有很大的啟示作用。

莎翁最膾炙人口的作品，例如〈威尼斯商人〉、〈凱

撒〉、〈李爾王〉、〈羅蜜歐與朱麗葉〉、〈亨利四世〉、
〈惡有惡報〉、〈安東尼與克麗奧佩特拉〉、〈奧塞羅〉以
及「暴風雨」等都值得一讀再讀、仔細咀嚼、興味無窮。他的
戲劇就像真實的人生，躍然跳動。而他對於人性的觀察，正可
作為現代公關的指針。

　　以〈凱撒〉一劇來說，莎翁指出了兩點人性：其一是權
力與地位是人所追求的，然而如果逾越本分，變成自私的野
心，必遭失敗；其二是群眾的心理是浮動的，也是善變的，處
理群眾運動不僅事前要有妥善規劃，周全準備，也要能掌握現
場，隨機應變。如果一旦脫序，則無法收拾。凱撒便是犯了第
一項錯誤，而他的大義滅親的義子布魯托士（Brutus）則是犯
了第二項錯誤。

　　布魯托士因為相信他的保護人凱撒有成為專制君主的可
能，於是經過內心痛苦的掙扎後，與一些志同道合的人刺殺了
凱撒。於是成為羅馬人心目中的英雄。但他無法掌控刺殺現
場，隨後安東尼便出來向大家說話。他叫人搬來凱撒的屍首，
只要求給凱撒舉行喪儀。接著展開動人的口頭與肢體傳播，一
連串巧妙的默語，偽善的含蓄，悲壯的舉動，將群眾的心理完
全轉變過來。現在，布魯托士、加西迁斯（Cassius）和參與
陰謀的人，都被人民視為叛徒。一正一反之間，莎翁把群眾善
於變化的心理，刻劃得無比透徹，更富諷刺性。

　　而〈李爾王〉一劇，則描繪了那些上了年紀而不肯退
休，仍然緊握權力不放的領導人心態，同時由於錯誤的選擇接
班人，最後終於毀了自己辛苦建立的王國。這也給現代企業經
營者帶來很好的啟示。

　　至於〈威尼斯商人〉一劇，則顯示了幾層意義：其一，

男主角巴西亞諾確立了「目標」，雖然有困難，但他設法排
除，達成「目標」，這就是公關的高手；其二，男主角巴西
亞諾的朋友安脫尼奧，為了義氣，不惜以身犯險，可能遭到割
肉的危險，但終化險為夷，故善有善報；其三、放高利貸的猶
太人錫洛克，為人處世未免太過分了，於己無益，於人有害的
事，竟也肯做，故不得善果；其四，女主角波西亞，憑著她的
智慧機智，輕輕鬆鬆解決了問題，把「立即危機」消弭於無
形，這正是現代公關與危機處理的能手。

　　仔細咀嚼莎翁的作品，可以發現四百年前他所創造的人
物典型，與今日相較，是多麼的突出與鮮明，他筆下的角色在
今天看來仍然栩栩如生，難怪班強生（Ben Johnson）要形容
他「不屬於任何一個時代，而屬於永恆」了。

37. 活到一百二十歲不是夢

　　最近三十年來，生物科技的發展突飛猛進。隨著基因密
碼的逐漸揭開，醫藥與營養的突破創新，人類壽命活到一百二
十歲已不是夢想。

　　根據經建會人力規劃處的推估，臺灣地區人瑞到 2011 年
時將達二千二百多人，到 2051 年時，更將高達一萬四千四百
二十人。

　　從目前基因工程科技發展的進度來看，經建會的推估，
可能還是保守的，因為西元 2000 年是人類歷史的轉捩點。美
國國家衛生研究院進行的一項革命性研究，將使我們在二十一
世紀的生活為之改觀，那就是「人類基因組解讀計畫」。

　　2000 年 6 月 26 日，科學家們已經宣布，他們完成了「人

類基因圖譜」草圖。這項號稱有史以來最重大的科學成就，將為癌症治療、新藥研發甚至延長壽命提供無可限量的成果。各國科學家都將這份人類基因草圖與登陸月球、分裂原子以及哥白尼的「天體運行論」和達爾文的「物種源始論」等重大發現相提並論。

　　「人類基因組解讀計畫」在 1990 年鳴槍起跑。二十年來，各國最尖端實驗室中的超級電腦，全天候的對人類基因組上估計三十二億對「鹼基」進行解譯比對工作。這些鹼基兩兩配對，有如一層一層的階梯組成雙螺旋狀的去氧核糖核酸（DNA），這些 DNA 盤繞在人體細胞核的二十三對染色體上，DNA 構成的基因，控制人體蛋白質的合成、修復與轉變。

　　這象徵著什麼呢？其一是，隨著基因密碼的解讀，將改變醫學進程，改革醫療方式。科學家可以瞭解基因的運作，設法阻止或逆轉許多疾病的發病過程來加以治療，包括阿茲海默氏症（老人痴呆症）、肌肉萎縮症、發育遲緩、骨質疏鬆、關節炎、氣喘、心臟病與各種癌症。使人類有辦法對付過去認為無藥可救的絕症。而適合人體需要的補充營養分，也將益形加速開發，注入新的活力，延緩老化問題。許多科學家相信，到了 2020 年，大多數的癌症將有治癒的可能。屆時我們還可能從無生有，製造出新的生命形式。其二是，科學家們認為，基因似乎是老化的關鍵所在，略微更改基因後，就能使人類壽命更長久，而仍擁有健康和活力。

　　人類基因密碼的解譯，可以讓人類有辦法延年益壽。在過去五十年來，全世界人類的平均壽命已從四十六歲延長到六十四歲。分子生物學家哈里斯說，再如此「延年益壽」下去，

人類平均壽命長達一百二十歲並不是癡人說夢。

這是生命科學劃時代的進展，到了 2050 年後，或許人類將可控制，操縱生命，人類的命運不再聽任自然擺布了。

目前英國已經複製了綿羊「桃莉」、「波莉」和「茉莉」，而美國也複製了三隻山羊。運用基因工程科技，免疫牛乳與免疫羊乳也已風行世界。加州柏克萊國家實驗室細胞與分子生物部門主管茱蒂絲・坎畢希博士就說：「科學家可以延長哺乳類動物的壽命，沒有理由無法延長人類的壽命。」

38. 數位神經系統的明日世界

當「數位神經系統」這六個字跳進我的視覺神經時，我深深的被吸引住了。起先我還奇怪，馳名國際的微軟電腦大王比爾・蓋茲，怎麼研究起神經科學來了，等到仔細一看，才曉得是怎麼一回事。

比爾・蓋茲（Bill Gates）在資訊界的地位，很像二十世紀初期愛因斯坦在物理學界的地位，真可說是互相輝映。愛因斯坦在 1905 年提出狹義相對論時，開始嶄露頭角，等到 1915 年發現廣義相對論後，從此奠定了在人類科學史上的不朽地位。而比爾・蓋茲因為創設了微軟，現在已是富可敵國的傳奇人物了。因而他的新著《數位神經系統》（*Business The Speed of Thought-Using a Digital Nervous System*）一書於 1999 年初甫一上市，立刻就造成轟動，中文版也隨即問世。

比爾・蓋茲在這本書中，開門見山的道出，未來十年，企業經營的變化，將比過去五十年還來得多。如果八〇年代的主題是品質，九〇年代是企業再造，那麼公元兩千年後的關鍵

就是速度。也就是說：企業本質的改變，以及企業交易的快速將非常驚人，資訊的取得也將改變消費者的生活方式。至於品質的提升與企業流程改善的時間也將大幅縮短。當經營速度快到某個程度，企業的重要本質就跟著改變。製造商或零售商對銷售變化的回應，不再是幾星期一次，而是幾小時一次。這個時候，它們在本質上不再是產品公司，而成了提供產品服務的公司了。

　　就像人一樣，企業必須有內部的通訊機制，也就是協調行動的神經系統。公司必須執行和協調各項商業流程，特別是跨部門的路線活動。組織的神經系統就像人體的神經系統，無論哪個行業，凡是企業體，就要有「自發性」系統，公司要生存，作業流程就得持續進行。企業目標有其核心流程，它可能是產品的設計和製造，或是服務的提供。每一企業都得有數位神經系統的管理。若是產品出不了門，或是帳單未繳，員工薪水未發，競爭對手情況不了解，公司就不可能長期生存。而其所以稱為「數位神經系統」，就是把所有的各種資訊，包括文字、數字、聲音和影像，全部「數位化」，以電腦來儲存、管理和傳輸。這就是說，要發展以「數位」為基礎的資訊設施，就像我們的神經系統一樣，可以觸動反射，對危險或需求快速反應。在考量或做決定時，提供所需的資訊，對最緊要的事情保持高度警覺，而擋掉無關緊要部分。數位神經系統可以使企業井然有序的「保持資訊流動」。

　　今天，我們通常只在辦公桌前收放訊息，透過有形的線路上網。未來，攜帶數位裝置，能讓我們和其他系統以及別人隨時聯結。而日用的裝置：如水、電錶、保全系統和汽車，也能連網，隨時告知它們使用的度數和情況。每種數位資訊的應

用，都將進入「轉折點」，生活方式和商業世界，都將徹底
改變。

　　比爾·蓋茲在這書中，曾感慨的指出，雖然人人知道電
腦重要，但多數人對資訊科技進展到什麼程度，如何能幫助企
業仍然所知有限，甚至做了許多浪費的投資。他告訴經營者如
何善用資訊科技，並舉出全球一流民營事業成功的實例。這些
實例涵蓋面很廣，從電腦、汽車、旅遊、航太、百貨零售、金
融、生化製藥，到軍事、教育、健保，以及公共行政等無所不
談。

　　他同時也提出警告，下個世紀的領導組織就是最先利用
資訊科技的政府和企業。你可以不去理會，也不用擔心會立即
出現生存問題，但隨著時間，你會被越拋越遠。他甚至認為，
電腦加遽各行業的競爭，到最後，你若不能自我淘汰就等著被
淘汰。

　　總之，比爾·蓋茲這書的主題理論架構，就是「數位資
訊的流動」。他把企業的資訊系統和人體的神經系統相比喻。
在一個整體數位系統操作健康的工作環境裡，企業每一員工應
能準確收到數位系統所產生或發出的任何訊息，同時整個系統
也要求每一員工絕無例外的全力參與運作，才能令整個數位資
訊系統發揮最高功能。

　　比爾·蓋茲這書的出版，李登輝先生、宏碁集團董事長
施振榮、神通電腦集團董事長苗豐強、香港盈科拓展集團主席
李澤楷等，都有專文推薦。

　　李登輝認為，數位神經系統係藉由網路系統，將個人電
腦連結，以掌握快速反應的資訊工程，其概念與認知科學極為
相似。此一系統，將來如能運用於政府管理，國防、財務等方

面，必能充分掌握資訊，快速處理資訊，而做出最適切有效的反應，保有競爭優勢。

但他也認為，電腦資訊系統目前雖然在程式執行上，速度比以前快，對管理、計算等方面助益頗大，但受到材料及系統問題的影響，其速度仍無法與人的神經系統反應相比。

從比爾・蓋茲的析述裡，我們不難看出，數位神經系統不僅關係著企業未來的發展，而且將改變個人與組織、個人與個人，以及政府與人民的互動模式，可以說它與每個人都是息息相關的。更進一步說，數位神經系統未來必將左右國家的競爭力量，這是我們在二十一世紀成功或失敗的關鍵所在，實在不能等閒視之。

39. 2020 年的世界

英國著名的記者麥克雷（Hamish McRae），寫了一本大作，叫做《2020 的世界》。他在書中提到，經濟發展仍是未來各國決勝的關鍵，是擴大國家對世界影響力的重要基礎，不同的是，創造成長的要素有所改變。也就是要重質不重量，而質的要素包括品質、動機與紀律。

麥克雷特別強調：唯有穩定、秩序與紀律，才能維持經濟的持續發展與繁榮。國內生產毛額（GDP）等表面數字的意義，必須和社會負擔相對檢討，否則整體社會品質可能不升反降。

麥克雷的看法，證諸近年來我國社會發展的實況，不禁令人大為憂心。以層見錯出的軍購弊案、工程弊案、空難事件、瓦斯爆炸、火災異象，以及兇殺、搶劫、強姦、逆倫弒

親、公權力嚴重受到挑戰等情形來看，都引起了人們極大的震撼，其對國家競爭力的損耗，自是不言可喻的。

麥克雷這書，出版於 1994 年，媲美國趨勢大師約翰・奈思比（John Naisbitt）於 1990 年出版《2000 年大趨勢》，晚了四年，其中有很多相似之處，但也有特別獨到的觀點。個人認為，麥克雷對於當前世界的亂象，分析得真是透徹入微，發人深省。像犯罪、濫用藥物、家庭系統崩潰、不重視儲蓄、與教育成果不彰等社會與文化的失序問題，都付出了很大的社會成本。

在分析未來的趨勢時，麥克雷指出：工業化國家人口將趨向縮減、老化，並朝向服務業發展；國家資金與企業所有權也將趨向國際化，被世界各地的投資人所擁有，而不再屬於某一個國家；未來科技的發展，將是找出實用的商業價值。個人工作組合將取代只為一家企業保持雇佣關係的形態，而是同時為兩、三家公司工作；水資源將是國家的另一種經濟力量，以及政府的管理品質將成為國家競爭優勢的一部分。管理不佳勢必讓國家處於嚴重的經濟劣勢。

麥克雷所提出的這些趨勢，目前已經很明顯的表現出來，管理學大師彼得・杜拉克（Peter Drucker），最近在他的巨著：《劇變時代的管理》一書中，也有類似的分析與預測。

關於臺灣的發展與兩岸互動的趨向，麥克雷倒是有大膽的推測。他一再強調，如果未來美國與歐洲的保護主義抬頭，臺灣企業將被迫到中國大陸去尋找市場。目前臺灣對大陸的經貿，每年已經達到一百七十億美元的順差，這是相當值得注意的。麥克雷也不諱言，臺灣的經濟成長將會減緩。臺灣要創造

下一階段的經濟奇蹟，不僅需要大規模投資在基礎建設上，還要轉向生產高附加價值的產品。這些話都值得我們省思。

40. 資訊新未來

1997 年 9 月，美國著名的電腦科學家邁可‧德托羅斯（Michael L. Dertouzos），出版了《資訊新未來》（*What Will Be How the New World of Information will Charge Our Lives*）一書，風行一時。這書以生動活潑，富於遠見的方式，管窺資訊科技將如何改變新世紀人類的生活和世界，也描繪資訊新世界所產生的複雜社會問題。

德托羅斯在國際電腦科學界享有崇高的地位。自 1974 年起，他便領導美國麻省理工學院的電腦科學實驗室。而這個實驗室現在和過去的成員則帶給世界分時電腦、電子試算表、乙太網路、RCA 加密技術。目前圍繞國際網際網路的活動，德托羅斯都參與很深。他的實驗室主持的全求資訊網聯盟包含有一百五十多個組織，一直在協助引導全球資訊網的發展。

早在 1981 年，德托羅斯便把「資訊市集」的概念，描繪成「二十一世紀的鄉村市集、人們和電腦在這裡買賣並自由交換資訊與資訊服務」。在資訊世界中，人類的生活風貌，從生活小節、工作、健康、娛樂、教育、行政等，都受到極大的衝擊與改變。面對著這場資訊革命，我們所有的人都需要認識「新未來」，否則將無以存活。

《資訊新未來》全書分成三篇：第一篇是「看得見的未來」。解釋了資訊新科技，讓人們能自行判斷即將展開的事件。第二篇是「生活，怎麼變」，探求我們生活將如何改

變。第三篇是「科技與人文重逢」，評估這些變動對我們的社會和人性的衝擊。全書以循序漸進，按部就班的方式，逐一提出各種概念，使人們了解科技對個人及社會的影響，最後則下了一個宏觀的結論，敘及二十一世紀科技和人文行進的方向。

德托羅斯強調：資訊新世界顯然已影響到每個人的生活，不過目前的衝擊和未來數十年相比，將是小巫見大巫。新聞媒體還在吹捧資訊高速公路、電子郵件、多媒體光碟、虛擬實境，甚至全球資訊網等老掉牙的新聞時，全球各地實驗室，已研製出更新和更有趣的技術雛型。與此同時，全球經濟正準備迎接這些技術帶來的活動，而這些活動，又產生複雜的社會新問題。

毫無疑問的，資訊科技正快速的改變世界。其整個過程雖然靜默無聲，但卻沛然莫之能禦。因此，當德托羅斯的這部鉅著出版不久，中譯本也隨之出現。當時，一向大力提倡資訊科技的李國鼎先生，在推薦這書時強調，資訊化社會將帶來生產力的提升，也將有效改善人們的生活品質。一個國家的電腦普及率，網際網路與通信設備的完整性，無疑已經成為二十一世紀衡量國家競爭力最重要的指標。唯有精緻競爭力的國家和企業，才能在多元化的市場競爭環境中存活。

第三部

傳播另一章

——書海散記

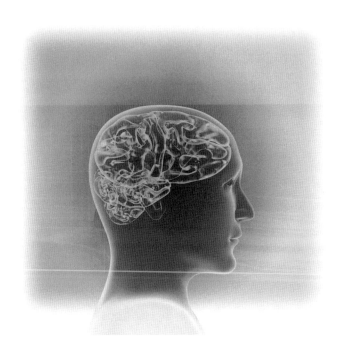

1. 科學的終結？

在一般人的觀念裡，科學的追求應該是沒有止境的，又怎麼會終結呢？

《科學之終結》一書，由於標題醒目，引人好奇，其實，全書內容無異「新桃花源記」，別有洞天。

這書是美國資深科學記者約翰・霍根（John Horgan）所寫的。書名雖叫《科學之終結》，但顯現的卻是浩瀚的學術海洋，科學家能否找到最終的理論？

英國數學家、天文物理學家霍金（Stephen Hawking），是第一位預測物理學將達到完備統一理論的人。他繼承三百多年前牛頓的位子，擔任劍橋大學盧卡西數學教授講座後不久，就在 1980 年提出這項預言。科學家們早已相信，宇宙在某個時間，因大霹靂而告誕生，餘熱以微波形式存在到今天。天文學家們早先推論，宇宙年齡在八十到一百二十億年之間。但是，霍金在 2005 年才出版的《時間新簡史》一書中指出；根據最近十五年來的觀測，已經確認宇宙年齡為一百三十七億年。不僅如此，宇宙擴張速度，不是減慢，而是加速。這就非常奇怪了。因為空間中的物質效應，不管密度高低，只能減緩擴張。依照牛頓萬有引力，重力畢竟是吸引的。是什麼力，促使宇宙不斷增加速度擴張呢？有人認為，宇宙中存有某種暗能量而加速，但沒有人能確定。霍金強調：「這也許證明，愛因斯坦引進宇宙常數（以及他的反重力效應），終歸是正確的。」

按照霍金的說法，整部宇宙歷史，所有的空間和時間，形成一個四維範疇。物理學統一之後，或能形成天衣無縫的完

美整體，而且唯有前後一貫的統一理論，能夠產生我們所知的時空。上帝在創造宇宙時，恐怕也只能遵循此一法則，而別無選擇。

自愛因斯坦的廣義相對論創立後，多少科學家們花了多少力氣，探索「統一場論」，可惜都徒勞無功。哈佛大學教授也是諾貝爾獎得主葛拉修（Sheldon Glashow）就認為，物理學的進度是慢下來了，理論學者沒有辦法建構更有野心的大理論。雖然八〇年代「超弦理論」（superstring）盛極一時，但因它不曾帶給物理學任何實驗的指引，會變得距離粒子物理學越來越遠。而粒子物理學的前景同樣不被看好。芝加哥大學知名的物理學教授卡達諾弗（Leo Kadanoff）就指出；過去幾十年的實驗只鞏固既有的理論，而未發現需要新理論解釋的新現象。尋找統攝宇宙一切自然力的理論，似乎遙不可及。科學界已經很久沒有動人的發現，「提不出足以和量子力學或雙螺旋鏈、相對論等偉大發現相提並論的東西。過去數十年真的一片沉寂。」

為什麼會如此呢？曾任美國科學促進協會會長的葛拉斯教授（Bentley Glass）說；因為科學過去的成就太高，解決了很多問題。天文學家測量了宇宙邊緣，無法再進一步看清邊緣之外還有什麼；大部分物理學家同意，把物質分解成越來越小的粒子，一定會碰到不能再小的時候，分解粒子的過程已告一段落。

至於生物學呢？發現 DNA 的諾貝爾獎得主柯瑞克說，生物學家對演化過程已有很好的了解，但生物學的路好像還很長，有些生物結構，例如大腦，實在有夠複雜，短期內不可能摸清楚；又如生命起源，由於資料不足，可能永遠沒有答案。

柯瑞克現在則把注意力轉向最幽秘隱晦的現象——意識。他宣稱，把大腦視為黑盒子，假如內部結構不可知或無關，就不能真正了解意識或其他心靈現象，只有深入研究神經元和神經元的互動，才能建構解釋意識的模型，類似用 DNA 解釋遺傳的模型。

霍根除了訪問十多位諾貝爾獎得主之外，還遍訪了數十位各個科學領域的頂尖人物，除了夢想能找到質能最終理論的分子物理學家外，還包括試圖了解宇宙誕生由來的天文學家、尋求生命源始及發展法則的演化生物學家、窮究大腦意識程序的神經學家，以及闖進混沌和複雜領域，希望電腦和新數學技巧能替科學注入新活力的探索者。他也拜訪了哲學家、社會科學家，與他們對談當前科學的最新發展及其未來趨向。書中處處充滿了知性與智慧，能讓不是該學門的人士在比較輕鬆的情境下登堂入室，得其神髓，興味無窮。原著於 1996 年出版，蘇采禾把它譯成中文於 1997 年 10 月在臺發行。

看了這書之後，我們不能不佩服霍根的科學素養；也不能不佩服他的耐心和毅力。他整整花了八年的時間東奔西走。訪談的內容先在《科學美國人》刊登，然後集結成書，給當代學術界帶來了傳播交流的活力。這對於臺灣新聞媒體的採訪方向，應該有很大的啟發作用吧！

2. 改變歷史的書

美國著名學者唐斯博士（Robert B. Downs），憑著他淵博的學識與睿智的判斷，從千千萬萬種世界經典名著中，選出了十六本「改變歷史的書」，加以評介，一時洛陽紙貴，至

今歷久不衰。新聞界前輩彭歌教授把它編譯為中文版。每當我展卷閱讀時，總是愛不釋手。

《改變歷史的書》（*Books that changed the world*）分為自然科學與社會及人文兩組，時間起自 1523 年，迄於 1927 年。這是一本專門討論「書」的書。從書中對於「書」的介紹，我們很容易瞭解這四五百年間西方文明的發展與變化，因而也可以說是簡明的近代西方文明發展史。

唐斯博士選定的這十六本書是：馬基維利的《君王論》、潘恩的《常識》、亞當斯密的《國富論》、馬爾薩斯的《人口論》、梭羅的《不服從論》、史佗夫人的《黑奴籲天錄》、馬克斯的《資本論》、馬漢的《海權論》、麥金德的《地緣政治學》、希特勒的《我的奮鬥》、哥白尼的《天體運行論》、哈維的《血液循環論》、牛頓的《數學原理》、達爾文的《物種原始論》、佛洛伊德的《夢的解析》，以及愛因斯坦的《相對論》等書。這些書大部分都是很難讀的，亦即缺乏可讀性。社會上大多數人都是經由第二手傳播，得到這些書中內容的概要。在出書當時便成為暢銷書的，大概只有潘恩的《常識》、史佗夫人的《黑奴籲天錄》和希特勒的《我的奮鬥》三種而已。其餘的十三本，最初都沒有人真正瞭解。因此，它們所發生的影響，完全是靠著學者專家的解釋和說明。像愛因斯坦的《相對論》，假如不是真正的科學家，一般人讀了又瞭解多少呢？

當然，改變歷史的書絕不像唐斯博士所挑選的這十六本，世界上多少學者專家也曾作了多少努力，挑選了一些改變歷史的書，不過每個人的主觀標準不同，因而所選取的書目也就因人而異了。要想編成一個書目而為各方一致接受，幾乎是

不可能的事。像《聖經》、《可蘭經》、柏拉圖的《共和國》、中國的《論語》，豈不是影響深遠嗎？但是有的學者專家會列入，有的則不列入，這就是選擇的標準有異的緣故。

我很佩服唐斯博士深厚的功力，能把像愛因斯坦的《相對論》那樣艱澀的論文，用深入淺出，明白曉暢的文字敘述出來，也敬佩彭歌教授（本名姚朋）的譯筆，如天馬行空，一點兒也看不出翻譯的味道來。彭歌教授甚至針對中文讀者的需要，在某些方面加以說明和補充，這又豈止是翻譯而已。

唐斯博士是美國有名的圖書館學者，在伊利諾大學任教二十八年。在他的主持下，伊大圖書館研究所成為全美最好的研究所之一，伊大圖書館藏書之富與精，與哈佛大學、耶魯大學，密西根大學等校同享盛譽。第二次世界大戰後，他曾應麥克阿瑟元帥的敦請，推動日本國會圖書館全面重建工作，使該館成為亞洲目前最好的圖書館之一。其後也曾為大英博物館圖書部門遷建擔任顧問。他的著述甚豐，大都為有關圖書館學的專門論著。《改變歷史的書》則是為一般讀者所寫的。唐斯博士已於 1991 年逝世，享壽八十八歲。這書的譯者彭歌教授，曾受教於唐斯博士門下，為國內著名的小說家、散文家、政論家，一度擔任中央日報社長。

3. 改變歷史的經濟學家

美國的海爾布朗諾（Robert L. Heilbroner）教授，著有《改變歷史的經濟學家》（*The worldly philosophers*，直譯為《現世的哲學家》）一書。這書自 1953 年出版以來，在學術界贏得了廣大的聲譽，也奠定了他在經濟學界的地位。

　　長女嘉惠在美國留學時，專研經濟學，為博士候選人，並在大學兼任教席。她素知我喜愛經濟思想史，自美返國時，特地為我帶回了修訂本，以供參閱。

　　海爾布朗諾這書，是以近兩百年來經濟思想的變遷為經，以幾位改變歷史面貌最大的經濟學家為緯，描繪了人類整個命運生死攸關的社會興革歷程。誠如作者所說的，這些偉大的經濟學家在世之日，「沒有大軍可以指揮，沒有置人於死地的威勢，更沒有可以統治的帝國，也沒有參與塑造歷史的決策」，然而他們的言行，卻比許多光華蓋世的政治人物更具影響力。因為他們塑造並搖撼了人類的心靈，實際上也等於塑造和搖撼了這個世界。

　　海爾布朗諾把這些偉大的經濟學家，稱之為「現世的哲學家」（The worldly philosophers）。因為他們所投身的哲學架構，乃是人類一切活動中最世俗化的學問──追求財富的驅力。或許它並不是一種最優雅的哲學，但卻是一種最複雜，最重要的哲學。而追求財富，提高國民所得，增進國民福祉，正是近代社會的基礎。

　　海爾布朗諾於 1936 年進入哈佛大學就讀，專研經濟思潮及學派的演變，以「最高榮譽獎」畢業。《改變歷史的經濟學家》一書是他的成名作，很快就被轉譯成二十幾種文字，並在各大學中被指定為有關經濟學思想史必讀的入門書。後來他又陸續出版了《經濟解析》、《經濟問題》、《經濟社會的鑄造》、以及《大躍昇》等書，聲譽更隆。其後任教於紐約「新社會研究院」。

　　1953 年出版的《改變歷史的經濟學家》一書中，海爾布朗諾讓亞當斯密（Adam Smith）、馬爾薩斯（T. Malthus）、

李嘉圖（D. Ricarto）、穆勒（J. S. Mill）、聖西蒙（Comte
de Saint-Simon）、傅 立 葉（C. Fourier）、歐 文（R.
Owen）、馬克斯（Karl Marx）、華拉士（Leon Walras）、亨
利‧喬治（Henry George）、霍布遜（John A. Hobson）、馬
歇爾（Alfred Marshall）、庇果（A.C. Pigou）、耶逢斯（W.
S. Jevons）、韋 伯 倫（T. Veblen）、凱 恩 斯（J. M.
Keynes）、熊彼得（Joseph Schumpter）等經濟學家一一登
場，把他們的聲音和思想，梳理成一條條井然有序的理則，構
成一個周密嚴謹的理論架構。1989 年的修訂版，則強化了熊
彼得一章，並修訂總結，以使現代世界經濟發展的趨勢，更加
脈絡分明。

　　至於現代經濟學家中，作者僅提了海耶克（Friedrich Von
Hayek）、韓森（Alvin Hansen）、以及蓋爾布萊斯（J. K.
Galbraith）等少數幾個人。臺灣所熟悉的薩穆爾森（Paul A.
Samuelson）、傅利曼（Milton Friedman）、顧志耐（Simon
Kuznets）、羅斯托（W. W. Rostow）、李昂鐵夫（Wassily
Leontief）、克萊恩（Lawrence R. Klein）、賽蒙（H. A. Sim-
on）、史蒂格勒（G. T. Stigler）等人並沒有述及。這或許是
作者站在改變歷史與社會興革的立場來俯瞰經濟學。不過有些
人的著作，他則列入了「經濟學名著導讀」之內。像在經濟學
導論方面，他則特別推薦了薩穆爾森的著作──《經濟學：
介紹性分析》，認為那是我們這個時代最著名的教科書，入
門者不但應該讀，而且應該深入讀。由此也可以看出他對薩氏
的推重了。

　　相對於海爾布朗諾的著作，哈佛大學教授布希霍茲
（Todd G.Buchholz），1989 年也寫了一本經濟思想史的書，

叫做《經濟大師不死》（*New Ideas from Dead Economists*）。
不過，海爾布朗諾的書，大致上只寫到凱因斯。凱因斯之後興
起的「重貨幣學派」、「公共選擇學派」、「理性預期學
派」及「供給面經濟學派」的理論，則付之闕如。而布希霍茲
在這方面娓娓道來，真是傳神。尤其對於重貨幣學派與凱因斯
學派的世紀大論戰的描述，精采極了。

　　這兩大學派的論戰，從五〇年代到七〇年代，較勁激
烈。重貨幣學派由傅利曼（Milton Friedman）領軍，而凱因斯
學派則以薩穆爾森（Paul Samuelson）與莫迪里安尼（Franco
Modigliani）為要角。由於他們都是當時或其後的諾貝爾經濟
學獎得主，因而造成學術界巨大的震撼，也成為當代學術史上
最動人的史詩之一。其結果勝負如何呢？答案是平手。今天民
主國家的經濟政策，對他們理論的精華，可謂「兼容並蓄」。
有時是凱因斯學派，有時又是重貨幣學派。而新一代的經濟學
家如克魯曼（Paul Krugman）和桑莫斯（Lawrence Summ-
ers）等，不再陷入兩大學派的爭論之中，他們同時為貨幣政
策與財政政策，找到了新角色。

　　海爾布朗諾與布希霍茲的書，在寫作手法上都流暢易
讀，趣味盎然。至於熊彼得（Joseph Schumpeter）的「經濟分
析史」（History of Economic Analysis），則博大精深，卷帙
浩繁，二十年來我始終無法卒讀，這是很可歎的。

4. 經濟學泰斗薩穆爾森

　　當代經濟學泰斗薩穆爾森（Paul Samuelson），2009 年
12 月 13 日，在美國麻薩諸塞州家中辭世，享壽九十四歲。巨

星隕落，良可浩歎！

薩穆爾森是二十世紀影響力最大的經濟學家之一，第二屆諾貝爾經濟學獎得主，是美國獲得此項全球學術界至高無上殊榮的第一人。凡是研究經濟學的人，無不知曉他的名字。他是不世出的奇才。他的學術成就，真是「巍巍乎」！「仰之彌高，鑽之彌堅」。這正是他最佳的寫照。

1970 年他獲諾貝爾獎時，諾貝爾委員會對他的評價是：「在提升經濟學理論的科學分析水準上，他的貢獻超過當代其他經濟學家。他以簡單語言重寫經濟學理論的相當部分」；他「以對應原理將靜態學與動態學作緊密結合」；「將乘數與加速原理結合而發展出經濟循環模型」、「以顯示性偏好理論將消費理論的基礎作一改革」、「發展並修正國際貿易理論上的一些重要定理」、「開創時際效率」理論，導出決定最大可能成長率的「大道定理」，以及「澄清公共財在資源最適配置理論上的地位」。他真是一位全才的經濟學家，世界上罕見的多能學者。

薩穆爾森曾擔任甘迺迪總統的經濟顧問，並在 1964 年推動著名的減少個人所得稅法案。該法案被視為使美國克服了1950 年代「艾森豪停滯」，奠定 1960 年代的經濟繁榮基礎。

薩穆爾森的巨著《經濟學》（*Economics：An Introductory Analysis*）教科書於 1948 年出版，暢銷半個多世紀，但他仍每隔三年修訂一次，增添新內容，至今已發行十九版，被譯成日、德、法、俄、義、匈、西、葡、阿拉伯、以及中文等四十餘種語言，銷售量超過四百萬本。世界上許多大學都以此書為入門經濟學教科書。西方經濟學界甚至認為，這書是自凱因斯的「一般理論」以來最重要的英文著作。

　　另一本學術價值更高的《經濟分析的基礎》（*Foundations of Economic Analysis*）更是研究所的指定教材。薩穆爾森很有條理的用數學方法，解析了經濟學的現象，並為經濟學引進了一些物理學的分析技巧。另有數學附錄。

　　薩穆爾森於 1915 年 5 月 15 日，出生在美國印地安納州的 Gary 鎮。16 歲進入芝加哥大學，畢業後在哈佛大學取得碩士和博士學位，自 1940 年起在麻省理工學院執教，以迄退休。哈佛大學曾於 1954 年請他回母校執教，但遭他婉拒。

　　薩穆爾森不僅是凱因斯學派在美國的重鎮，也建立了自己的新福利經濟學，他的論述被經濟學界認為，自庇古以來在福利經濟學方面少有的理論之一。他還主張「財政政策與貨幣政策」協調作用，以造成有利的經濟環境。他在《經濟學》第五版中，把自己的理論體系稱之為「新古典綜合學派」，並於 1961 年美國經濟學年會上，作了較為詳細的解析。他自認是亞當斯密、李嘉圖、瓦爾拉、馬歇爾、凱因斯一脈相承的正統經濟學。

　　他的創造力驚人，著作極豐。即使退休之後，仍不斷有論文推出。除了前述兩書外，還有《線性規劃與經濟分析》，以及《薩穆爾森科學論文集》四卷，兩千多頁。古人所謂「著作等身」，薩穆爾森可當之無愧。

5. 克魯曼的光環

　　美國普林斯頓大學教授保羅・克魯曼（Paul Krugman），獲頒 2008 年諾貝爾經濟學獎。這位國際貿易理論大師，摘下經濟學界最高榮譽的諾貝爾桂冠，堪稱「實至名

歸」。

　　克魯曼過去二十多年來，持續在國際貿易理論作出傑出貢獻；其中尤以「經濟地理」理論最為著名。他先後任教於麻省理工學院及普林斯頓大學。

　　當 1994 年，正是亞洲經濟欣欣向榮，意興飛揚之際，克魯曼（Paul Krugman）就預測，亞洲金融危機即將來襲。當時很多人都不敢置信，並視之為書生的「危言聳聽」。結果，他的預測應驗了，而克魯曼也名動國際。1999 年，克魯曼又出版了另一巨著——《蕭條經濟再現》（*The Return of Depression Economics*），鄭重提出警告，全球經濟已經變得比我們想像的還要危險，蕭條經濟正以驚人的速度捲土重來。果然，他的話又應驗了。

　　早在 2007 年中，美國在低利率環境下，引發次級房貸危機；2008 年下半年，美國政府宣布接管房利美、房地美，9 月15 日美國投資銀行巨擘雷曼兄弟聲請破產保護後，隔日，美國政府就接管美國國際集團 AIG，全球金融信心因之瓦解，也掀起了全球金融海嘯。

　　為了挽救經濟與金融危機，各國央行聯手降息，撒錢救經濟，如今美國聯邦資金利率（Federal Funds Rate）降至 0 至0.25%區間。日本央行（Bank of Japan）將隔夜拆款利率維持在 0.1%，歐洲央行也將指標利率維持於 1%不變。全球經濟景氣尚未完全恢復，美國經濟「二次衰退」的陰霾時起，與歐美景氣連動性高的亞洲地區也受波及。兩年來，全球維持低利率環境。經濟學者憂心，撒錢救市，過多的游資如今該如何退場？一旦政策失當，經濟復甦之路恐暗藏危機。這都是克魯曼所憂心的。

　　克魯曼筆鋒犀利，優美動人，被譽為「經濟學界的莫札特」、「凱因斯以降最會寫的經濟學家」，連克拉克獎評審委員會都認為他的文章，足以媲美日本的俳句、狄金蓀的詩和馬諦斯的油畫，即使沒有經濟學背景的人，都會覺得克魯曼寫得很好看。

　　克魯曼在學術上的貢獻，主要在於他的策略性貿易理論、解釋產業鏈貿易和經濟地理，統稱之為新貿易理論。他用「不完全競爭」來解釋貿易理論，終於獲頒 2008 年諾貝爾經濟學獎。克魯曼對於當前經濟蕭條，有其特別的看法。什麼是蕭條經濟？根據克魯曼的說法，這是指經濟問題和 1930 年代危害全球許多經濟體的特色相關，何以說蕭條經濟會捲土重來？基本上，這表示二十年來，經濟需求面的失敗，首次明顯的限制了世界許多地方的繁榮。需求面失敗是指民間支出，不足以充分利用可用的產能。

　　因此，克魯曼大膽的提出預言：短期內這個世界正從一個危機跟蹌前行到下一個危機。而這些危機都涉及創造充分需求的重要課題。日本正發現傳統的貨幣和財政政策不夠用。如果這種事會發生在日本身上，我們如何能夠保證歐洲經濟，或甚至仍然蓬勃發展的美國經濟不會落入相同的陷阱？墨西哥、泰國、馬來西亞、印尼、南韓、巴西等開發中國家一個接一個經歷的衰退，至少已暫時毀掉了多年來的經濟成就，並發現傳統的因應政策只把事情弄得更糟。同樣的，如何維持適當的需求，以利經濟體系的產能，這個問題就變得極其重要。

　　他強調「蕭條經濟已經捲土重來」，最立即性的風險，當然是病痛傳播的可能性──加入死傷名單的，可能是阿根廷、或是南非、或是土耳其、或是中國；歐洲的通貨緊縮，或

是美國的股市衰退，可能會在整個先進國家製造日本的翻版。但是即使傷害受到抑制，經濟進步依然存在著更微妙的風險，因為自由市場雖會帶來許多好處，卻不可能在需求不足持續造成威脅的世界中存活下去。

克魯曼這本《蕭條經濟再現》的書，於 1999 年初出版，中文版也隨即於 8 月間在臺北問世，命名為《失靈的年代》。

書中析述了二十多年來亞洲與拉丁美洲的經濟情勢，以及 1997 年 7 月以來金融風暴侵襲的情形。他把這風暴稱之為「大衰退」，而非「蕭條」，因為雖兩年來一些國家有如經濟浩劫，就全球而言，目前受到的傷害，遠不及蕭條的水準。不過他用到可怕的「大」字，因為受苦的國家確實經歷了半個世紀以來最糟的經濟境遇。

這本書本質上側重分析。書中談及發生了「什麼事」，少於「為什麼」會發生。他相信，我們要了解的最重要事情，是這場劫難如何發生，受害國家如何浴火重生，以及我們可以怎麼做，防止它再度發生。這表示終極的目標是從這件個案發展出理論，了解我們可以如何思考這件事。

克魯曼 1982 至 83 年曾任職美國總統經濟顧問委員會，獲有美國經濟學界最高榮譽的克拉克獎章。二十四歲時他就構築出匯率危機的初步模型，成為這個領域的開宗祖師。

另一獲得諾貝爾經濟學獎的海耶克（Friedrich von Hayek），是自由主義的經濟學大師，他所撰寫的《到奴役之路》一書，特別強調「自然形成的秩序」。但在現代國際經濟體系裡，克魯曼則持保留看法。他要我們不要忘了凱因斯的約定。廣義的凱因斯政策——就是政府要刻意刺激需求。克魯曼說，因為在需求經常不足的世界，很難主張自由市場。現在

和三〇年代一樣，當一個個經濟體接二連三崩潰，我們不能只是重彈自由市場的老調，來捍衛全球化的主張。如果我們希望見到更多的經濟奇蹟，更多國家從赤窮轉型為可望過著體面的生活，最好針對蕭條經濟這個新出現的棘手問題，尋求解決之道。

　　解決之道究竟在那裡呢？克魯曼認為，就富國而言，道理很簡單，果敢的大幅降低利率。他說他找不到任何經濟證據，顯示歐洲和美國似乎適用的 2 ％通貨膨脹率，或者日本應有的 4 ％通貨膨脹率，會造成顯著的傷害。他甚至主張，在目前經濟情勢下，日本真正需要的是營造通貨膨脹，實施「管理性通貨膨脹」。先進國家為消除經濟蕭條所需做的事，不必和自由市場的承諾取得妥協。

　　至於開發中國家呢？克魯曼則認為權衡取捨似乎比較困難。他不鼓勵採行貨幣聯繫制度，而主張給貶值一個機會：不提高利率，允許市場壓低匯價。這個辦法在先進國家行得通，在若干開發中國家可能也行得通。巴西就是採行相反的策略，把利率提升到極高的水準，以防資金外逃，在各方面都是輸家的策略。這種作法不只使實體經濟遽然停頓，也因為助長投資人的信心危機，往往連穩定匯率的目標都無法達成。他也主張，當危機有可能爆發時，緊急實施資本管制，不只可能對國家有利，甚至對投資人也有利。正如地震餘生的城市居民，如果政府暫時實施宵禁，將對他們有利。而要避免危機出現，克魯曼建議，各國政府應該積極抑止本國公司借進外債，或許也不要太仰賴一般的借貸，這可以降低他們的槓桿效應。要做到這一點，最好的方法可能是對借外幣的公司課稅。這麼做，各國或許可以重拾能力，讓貨幣滑落卻不致引發金融崩潰，並且

可以在緊要關頭化解未來的危機。

經濟分析不是一套放諸四海而皆準的法則，它應該是一套思考方式，讓人們能對不斷變化的世界，建構新的回應方法。它所以有用，在於老模式能教新把戲。克魯曼的許多觀點，或許能給我們一些啟示吧！

6.「科學大哉問一〇一」

現代科學的發展突飛猛進，日新月異，大量的資訊像霹靂般的湧進知識庫，令人眼花撩亂，目不暇給。在這知識的洪流中，如何擷取自己所需要的知識，已經成為一門非常重要的學問。有些學者專家就專門從事這方面指引的工作，讓你可以遍遊科學的大觀園。

著名的物理學家，喬治梅森（George Mason）大學教授詹姆士・崔菲爾（James Trefil），在 1997 年就針對一般讀者，寫成一本類似科學的小百科，叫做《未知的邊緣》（*The Edge of the Unknown*），挑選一百零一個重大的科學問題，加以說明，讓人們對於現代科學發展的現況，以及未來突破的方向與進程，有個總結摘要的瞭解。其中包括物理學、天文學、宇宙學、地球學、生物學、醫學、演化與技術，以及電腦學等。這書的中文版命名為《科學大哉問一〇一》。

崔菲爾在這書中，提出了一百零一個科學大問題，自問自答，讀來備感興趣。這些問題都是獨立的，但彼此間或多或少又有些關聯，所以可以依次序閱讀，也可以隨便挑選一個問題單獨閱讀而不必擔心連續性。看了這書，可以讓我們對整個科學知識現狀有概括的認識，而且可以作為進一步研究的指

南。

　　書中提出的問題，像生命是如何開始的？人類行為有多少是基因決定的？DNA 如何修復？人類基因組計畫何處去？我們為什麼會變老？基因療法有前途嗎？關於重力的量子理論有可能出現嗎？時間旅行是怎麼回事？宇宙將如何結束？太空裡還有沒有生物？我們能不能調整氣候？我們能長生不死嗎？一大堆黑洞都在哪裡？心靈與大腦之間的關聯何在？一切抗生素都失效了以後，我們要怎麼辦？免疫系統如何運作？現代人類來自何處？進化的步調有多快？微晶片能有多麼厲害？我們將用光來計算嗎？我們造得出會學習的電腦嗎？我們的現實有多虛擬？……凡此種種，崔菲爾都以一千五百字左右的篇幅解釋每個問題。由於重大科學問題常有許多不同的意見，崔菲爾在導論中曾明白表示，在闡釋科學素材時，「應該分清楚什麼是已知事實，什麼是作者的想法。」這是科學讀物作者的基本素養，崔菲爾在闡釋時說得非常清楚。

　　《科學大哉問一〇一》這書，與約翰・霍根的《科學的終結》，以及《科學美國人》雜誌約集近五十位專家所編撰的《科學的桂冠》等書，都是闡述科學發展現狀及未來發展方向的讀物，內容各異其趣。至於討論「科學發展史」的書，則劍橋大學的丹皮爾教授（W. C. Dampier）所著的《科學史及其與哲學和宗教的關係》，麻省理工學院的庫恩教授（Thomas Cuhn）所著的《科學革命的結構》，哈佛大學的科恩教授（Bernard Cohen）所著的《科學革命史》，以及病理學家亞諾・布羅迪（Arnold R. Brody）兄弟所著的《發現科學》等書，或縱橫上下古今六千年，或析述五百年來科學的發現與影響，其氣勢就不可同日而語了。

7. 「第三種文化」的形成

第一次看到《第三種文化》這書的標題時，我心中頗感訝異，亟欲曉得它的內涵，等到讀完全書才恍然大悟，同時作了一次科學巡禮。

1959 年，英國劍橋大學物理學家斯諾（Charles P. Snow）博士，曾經撰寫了一部書，叫做《兩種文化與科學革命》。所謂兩種文化，就是「文學」與「科學」。斯諾認為在西方的知識社會裡，日漸分裂出兩極對立的群體：一群是自稱為「知識分子」的文學工作者，另一群是以物理學家為代表的科學工作者。無論是科學家或文學工作者，各有自己群體的共通態度、標準、行為模式，以及探討問題的手法。很顯然的，斯諾是舉出了文學智識分子與科學家的分歧，其實他討論的範圍涉及整個人文學與科學的差異性。而且他的基調是為科學請命，希望影響一般常民觀感甚巨的文人，能敞開胸懷、捕抓科學的精神與成就。

斯諾承認美國高等教育的通識性遠比英國為高，以致人文與科學之間似有架起橋樑的可能。特別是他注意到從社會史學、社會學、政治學、經濟學、心理學、醫學等學科，都浮現出一些新的聲音。這些領域的學者不再沈溺於文獻探索，往往從「實證」出發，去關心人類的生存景況，於是一種可以與科學對話的「第三種文化」彷彿正在成形。

三十多年匆匆的過去了，文人知識分子與科學家之間的溝通與對話，當然是在增長之中，尤其難能可貴的是，許多科學家正直接跟大眾交流，主動擔負起傳播訊息的任務。他們以讀者可以理解的方式，表達他們最深奧的思想，而成為第三種

文化的思想家。

　　美國著名的科學作家布羅克（John Brackman），近幾年來醉心於籌劃跨國際的「科學大師」書系與「大師心智」書系。他曾以三年的時間，持續不斷的與一些科學大師作一對一的討論，談他們自己的研究，也談其他學者的相關研究，而把它集結成書，定名為《第三種文化》（*The Third Culture*）。這些被他選列的科學家中，都是目前頂尖的大師。他們提出的觀念，涵蓋了演化生物學、遺傳學、計算機科學、神經科學、心理學和物理學諸學門中，仍待開發的全新知識領域。根本問題包括：宇宙從哪裡來？生命從哪裡來？心智從哪裡來？第三種文化所浮現出來的是一個新的自然哲學，對於複雜理論與演化理論深遠的影響有充分的體認，是這個自然哲學的基礎。這些科學家也掌控著這個時代的方向盤。

　　《第三種文化》一書的中文本，已於 1998 年 10 月 30 日在臺北問世，與約翰‧霍根（Jonh Horgon）所著的《科學的終結》一書，可謂互擅勝場。

8. 文化的擴散與衝突

　　1995 年，哈佛大學著名學者杭廷頓（Samuel P. Huntington），寫了一部巨著，叫做《文明的衝突與世界秩序的重建》（*The clash of Civilizations and the Remaking of world order*），一時引起學術界與新聞界的熱烈討論。杭廷頓在書中強調：後冷戰時期，區別人類最重要的因素，不再是意識形態、政治甚至經濟，而是文化。他也大膽預言，全球政治未來最核心也最危險的發展方向，不在於國與國之間的紛爭，而是

擁抱不同文明的族群之間，可能爆發各種文明的衝突。

很顯然的，杭廷頓這書的研究架構，深受二十世紀英國歷史哲學家湯恩比（Arnold Toynbee）的影響，也想在文化形態學的領域裡，打出一片新天地。杭廷頓自有他的一套理論體系，然而其中一些觀點，卻也引起了許多人的質疑。

如同湯恩比一樣，杭廷頓也有他劃分文明的模式。他把世界區分為七大主要文明：即中國、日本、西方、伊斯蘭、印度、東正教、拉丁美洲與非洲。他認為這些文明之間的斷層，是世界政治中，統一、解體與衝突的最主要根源。例如發生在波士尼亞、車臣、阿富汗與亞塞拜然等地的戰爭，就是東正教與回教兩大文明衝突的結果。即以中東的危機隨時可能一觸即發，又何嘗不是如此呢？

杭廷頓並且析論，現代化的結果，並沒有造就任何一種共通的文明，也沒有帶來非西方社會的西方化；所有非西方文明如今都在重新肯定本身文化的價值；國家之間正逐漸以某種文明的主導為軸心，各自形成集團；文明之間的衝突，必須主導軸心國出面，才能弭平戰端；美國人民必須重新確認他們的西方認同，團結起來，為西方文明注入新血，保護西方文明不受非西方社會的挑戰；未來的世界想要避免一場全球文明大戰，端視世界領袖願不願意進行合作，以維持全球政治的多文明特色。

如我們所曉得的，文化的擴散並不是全盤性的，貿易、旅遊、電視，為全球一致的生活形態奠下了基礎。電影和電視在整個地球村傳播同樣的影像和訊息。流行的文化也許會風行全球，然而深藏內心深處的基本意識形態，並不一定會改變。生活形態越趨一致，人類卻越執著於傳統——宗教、語言、

藝術、文學。外在世界越相似,我們越珍惜內部孳生的價值觀。誠如趨勢大師奈思比(John Naisbitt)所說的:「生活形態統一與民族特色突顯,成為兩個相互逆向而又相輔相成的潮流。」這正是「文化貌似而其實神異」的特色。所以杭廷頓也承認,「現代化不必然等於西方化」,非西方社會的現代化不一定非要揚棄固有文化,全盤西化才能成功。這些社會藉著現代化來加強本身文化,降低西方的相對勢力。杭廷頓認為:「這個世界越來越現代,也越來越不西方。」

　　然而,杭廷頓從文明的角度出發,主張美國一方面應該與歐洲建立密切的聯盟,以保護西方文明免遭其他文明威脅;另一方面,應該放棄所謂太平洋世紀的美夢,因為道不同不相為謀,不必再向亞洲靠攏。這種「重歐輕亞」的論調,實在沒有任何理論的依據,正是杭廷頓個人一己的偏見。湯恩比三十多年前就已經修訂了他最早提出的文明模式,杭廷頓何以偏激到這個地步?

9. 巨變時代的管理──重視資訊與知識

　　現代管理學大師彼得‧杜拉克(Peter F. Drucker)出版了一本巨著叫《巨變時代的管理》,曾在學術界引起極大的波動。1998 年 3 月,這書的中譯本也出版了,對於我們的企業界、教育界、主政者以及整個社會,產生重大的影響。

　　1946 年,當彼得‧杜拉克三十七歲時,他以《管理的實踐》一書,奠定了大師級不朽的地位。其後他又寫了三十多本著作,建構了現代管理學的根基,進而被譽為「現代管理學之父」。蔣故總統經國先生,就曾大力向政府官員推薦彼得‧杜

拉克的管理著作。像「目標管理」、「顧客導向」、「知識工作者」、「後資本主義社會」等這些名詞和內涵，都是杜拉克率先提出的創見。沒有了杜拉克，管理學便不能構成一個完整的體系。

如所周知，管理的理論和方法，是歷史和經驗累積而成的結晶。它是一種科學，同時也是一種藝術。其所以為科學者，是因為管理的原理原則是基於研究、分析、試行、衡量等科學方法而得的結果。其所以為藝術者，是因為它的理論基礎，並非包羅萬象，對於所有管理問題也非一一適用，而是有賴於管理者的實務經驗與智慧技巧。因而自二十世紀以來，也產生了許多的管理學派。

在古典管理學派中，人們通常以十九世紀下半葉德國的社會學家韋伯（Max Weber）為代表。他倡導「官僚體制」，認為大規模的企業需要正式的程序來管理。到了二十世紀之初，鋼鐵業的工程師泰勒（Frederick W. Taylor）第一個使用系統化管理，來提高鋼鐵的生產量。他的「系統化管理」也被稱為「科學管理」。1911 年，當他的《科學管理的原理》一書出版時，引起了管理上革命性的改變。而此同時，法國的企業家費堯（Henri Fayol）則強調「管理功能」，並將管理功能區分為計劃、組織、引導、協調、控制等五方面。他認為計畫是最重要的管理功能。其後行為學派的管理理論興起，像孟斯特堡（Hugo Munsterberg）的「工業心理學」，以及梅育（Elton Mayo）的「人群關係學」——工業文明的人性問題，都強調了影響工人行為的感情因素。梅育的「霍桑研究」（Hawthorne Study），更是劃時代的管理研究典範。

第二次世界大戰之後，現代管理科學興起。它強調將資

源作有效的分配，以達成企業的任務和目標。它以「決策」為
中心，並採行計量方法，作業研究及系統管理。使現代管理科
學的內涵益加堅實，而彼得‧杜拉克在這方面作出了重大的貢
獻。有人甚至稱他為「現代管理學之父」。

　　杜拉克在《巨變時代的管理》一書中，強調資訊與知識
的重要。他表示；資訊的素材來自資料，但卻不同於資料。資
料應配合特定工作和決策的需要予以重組，才能算是資訊。企
業的資訊有四種：包括基礎性資訊；生產力資訊；能力資訊，
和珍貴資源的分配資訊。他以成本與價格為例，說明當年西爾
斯或馬克史賓塞兩大零售機構的成功，在於一反傳統的「成本
導向訂價」作法而採「價格導向的成本決定」作法。其所以如
此，乃因充分「瞭解和掌握整個經濟鍵的所有成本」資訊的條
件下，才能選擇最佳的價格決策。

　　杜拉克聲稱，我們目前正朝知識型社會邁進。「知識是
個人乃至整個經濟的主要資源」。前此被認為是主要資源的土
地、勞力和資金，在重要性上，都變為第二順位了。由於知識
和工作整合必可產生生產力。因此，每個組織的目的和功能，
都是為了整合各種專業知識與工作而設計，這也帶來對於管理
的最大挑戰。

　　因此杜拉克在這書中，分別說明：新世紀的管理，「知
識型社會」的興起，經濟型態扭轉下的新市場，以及誰是社會
中的「有產階級」？杜拉克認為：當前的世界，服務經濟已
經取代了製造經濟，成為主流；知識工作者也取代了傳統勞
工，逐漸形成「知識社會」，二十一世紀的一大趨勢是「知
識世紀教育優先」，故「終身學習」成為知識工作者的必備
條件。但單獨的專門知識是無法發揮效果的，知識工作者必須

融入團隊與組織裡，才能讓自己的知識發揮生產力。因此，任何組織面臨著此種趨勢的重大衝擊，必須重新思考「新的經營理論」，方為上策。

杜拉克也主張政府機構應「徹底改造」，這不是誰的錯，真正的原因是，政府在當前巨變的環境中，卻仍沿襲過去那一套結構，政策和規則，以至於產生不能適應的問題。如果政府機構無法徹底改造，將會落得和那些被淘汰的企業同樣的命運。這話實在值得我們深思。

10. 企業的策略革命

在中國詩人的名句中，我很喜歡吟詠杜甫的〈望嶽〉。其中的「造化鍾神秀，陰陽割昏曉」、「會當凌絕頂、一覽眾山小」，常令我低徊不已。

杜甫這詩原指大自然的造化，天地間的靈秀，都聚集在泰山而言的。由於泰山高聳入雲，把山南山北分割成這邊昏、那邊曉。而唯有上泰山的最高峰才能看到所有的山嶺顯得那麼渺小。這也正說明了一個人必須站得高才能看得遠的道理。

美國著名詩人愛默生，也曾寫下這樣的一段話：「世界上有兩種人，一種人活在過去，另一種人面向未來；一種人創造歷史，另一種人創造未來。」創造歷史的人固然偉大，創造未來的人卻是智慧的化身。

今天企業經營，貴在能創造歷史，更要能調適社會的巨大變動，創造未來。而站在山頂上，俯瞰群峰，正可立於不敗之地。

1998 年 3 月 26 日，臺灣大學商學研究所舉辦了一場精彩

的「跨世紀科技領袖高峰論壇」，邀請兩位全球最佳的企業經理人──惠普科技公司總裁路易士‧普烈特（Lewis Platt）與臺積電公司董事長張忠謀對談。他們針對全球最新管理領導趨勢，以及高科技產業競爭策略等相關議題交換意見。這場對談吸引了數百位學生及社會人士到場聽講，把臺大應用力學館演講會場擠得水洩不通。

普烈特與張忠謀都肯定建立企業文化，積極致力創新，以及塑造核心競爭力、維持企業成長的重要關鍵。而靈活運用知識，培養終身學習的習慣，更是從事科技者必須具備的基本態度。

或許由於時間關係，這兩位全球最佳企業經理人，所談的內容大致上都是大原則、大方向，而很少涉及策略規劃的問題，這是美中不足之處。其實以今日跨國企業競爭的激烈，以及企業環境變動的快速，企業競爭策略的重要性，正是企業生存與發展關鍵所在。所以現代管理學大師彼得‧杜拉克才會大聲疾呼，重新思考「新的經營理論」。

1997 年，美籍的企業策略專家蓋瑞‧漢默（Gary Hamel），曾經發表了一篇題為〈策略革命〉（Strategy As Revolution）的專文。文中特別強調，面對變局，企業應該對自己的策略規劃模式進行革命。所謂革命，不只是修改一下傳統的策略規劃流程而已，而是要建立一套全新的思考模式：策略的定義，就是革命。

在漢默的觀念裡，特別強調任何企業如果認為可以用規劃來創造策略，恐怕難以避免落入改善的漩渦，而只好眼睜睜的看著新競爭者不斷攻城掠地。他以為，要進行策略革命，策略創造者必須擺脫企業傳統的束縛，以破壞舊規則來發明新規

則。問問你自己，你的企業有沒有打破過去企業中的任何傳統作法？如果沒有，為什麼？

漢默尤其強調「新視野」的重要性，亦即以新的角度，用新的方法來看世界。以核心競爭力來衡量企業實力，是一種新視野。將環境變化視為改變的機會而非企業的威脅，也是一種新視野。以想像力取代資金，做為組織能量指標，也是一種新視野。企業家應充分運用各種資訊，從山頂往下看，突破傳統，創造出新的策略來。

這豈不正是杜甫所說的「會當凌絕頂，一覽眾山小」的磅礡氣魄？

11. 企業文化與企業願景

任何成功的企業，都有其獨特的企業文化。而新聞傳播事業自亦不能例外。

所謂企業文化，是指一種為企業成員所接受的價值觀和信念，並且成為組織成員的行為規範。以聞名全球的讀者文摘公司來說，它的企業文化，從它的品質、內容、服務與社會責任感等方面，都充分的表現出來。

《讀者文摘》是於 1922 年 2 月創刊。它的兩位創辦人戴維特與莉拉·華勒斯（De Witt & Lila Wallace）開宗明義的表示：《讀者文摘》要「以服務為優良傳統，我們不僅是一家全球的出版商，更是世界直效行銷的領導者。我們的雜誌、書籍及家庭娛樂產品，提供消費者閱讀、聆聽與視覺上的享受。服務與品質的傳承，是建立在使命裡的超時代想法：在有利潤的情況下，發展，生產並行銷高品質的產品，它能使全世界的

人，活得更豐富、見聞廣博、樂趣盎然。」

為了實現公司文化所強調的道德標準，《讀者文摘》不惜犧牲每年數百萬美元的廣告費。例如無論讀者文摘本身或它的出版物，都不接受煙草廣告。這個原則一直持續到今天。

總部設於紐約的《讀者文摘》，除了出版文摘月刊外，還向全球發行書籍、雜誌、家庭錄影帶，以及音樂選集等，文摘月刊共以十九種語文發行四十八個版本。每月發行量近二千八百萬冊。1998 年全球營業額達二十八億美元。《讀者文摘》中文版則於 1965 年創刊，發行地區以臺、港、星、馬為主，每月發行量近三十萬冊，編輯部設在香港。

《讀者文摘》的成功，與建立良好企業文化，有很重大的關係。

近年來有些企業管理學者則特別強調「企業願景」（Company，s Vision）的重要，認為那是企業經營百年長青的秘訣。其實企業願景與企業文化有諸多相同之處。企業願景特別強調「核心意識」與「所預見的未來」。深具願景的企業，根本的動力正是「保留核心，激發變革」。這從兩位美國企管學者柯林斯與卜若思（James C. Collins & Jerry L. Porras）所發表的專文中，可以充分的顯現出來。

柯林斯與卜若思花了六年的時間，挑選了美國十八家平均年齡一百歲的企業，分析它們所以歷久彌新的原因。這兩位管理學者於 1996 年 9、10 月號的《哈佛商業評論》（*Harvard Business Review*）上發表〈建立企業願景〉的專文，他們強調：正確的建立企業願景，可以帶出動力，使企業能安度外界環境的瞬息萬變，不斷往前推進。

所謂企業願景，包含兩個要素：一是核心意識，也就是

核心價值和核心目的。這是表明企業的本質是什麼以及為什麼存在，也是永不改變的部分；二是所預見的未來，也就是企業想要達到的目標，必須藉著許多變革和進步才能達成。這正是企業長青的秘訣。

平心而論，企業的核心意識，乃是企業文化的精髓。就像一個人有其基本人格與意識，也正是表現其風貌的根源所在。

無論企業文化也好。企業願景也好，都對組織成員具有激勵的作用，也具有啟發的效果。企業要想達成預期的目標，光靠領袖的魅力，或是完善的策略規劃，還是不夠的。企業必須建立起組織的力量，「保留核心，激發變革」，才能創造未來。

12. 孫子兵法與公共關係

自從 1923 年，美國的愛德華·伯納氏（Edward L. Bernays）在紐約大學開始講授公共關係之後，七十多年來，公共關係學興起了。而伯納氏所著的《輿論的形成》（*Crystallizing Public Opinion*）一書，也成為公共關係學的經典。

在現代生活中，公共關係更凸顯了它的重要性。然而我們如果仔細審度中國的第一部兵書——《孫子兵法》，則其中處處蘊含著公共關係的大道理，殊足發人深省。

《孫子兵法》一書是春秋時代孫武所著，約當西元前 480 年左右。他的十三篇兵法，言簡意深，歸納出戰爭的原理原則，是最有系統的軍事理論，舉凡戰前的準備、策略的運用、作戰的部署、敵情的研判等，無不詳加說明，周嚴完備，鉅細靡遺，我國歷代將帥沒有不讀《孫子兵法》這部書的。而放眼

當今的商業社會，這部書仍然散發著生命與活力，蘊含著新見解。無論是商業行為、經濟活動、乃至公共關係，幾乎都能從「孫子兵法」中汲取經驗，減少錯誤，有效達成目的。或許當人們處世、工作面臨瓶頸，卻無計可施時，仔細研究一下這縱橫千百年兵學大作中的思想，會讓人發自內心的認同，而呈現「柳暗花明又一村」的境地。

檀明山先生著有《孫子兵法與公關》一書，真是別出心裁，頗有創意。從這書裡可以看出，《孫子兵法》不僅是兵書之王，即對我們日常生活、工作處世，其所提出的思想，往往超越常人，能見別人之所未見。檀著將兵法條分縷析，分門別類，並引用大量例證，來闡發孫子兵法，成為公共關係的理論系統，這真是「古兵學，新思維」的最佳範例。

《孫子兵法與公關》一書，把兵法十三篇依次臚列了六十一法，例如巧用激將法、拋磚誘敵法、情理並用法、有備無患法、造勢奪聲法、剛柔相濟法、避實擊虛法、後發制人法、善用緩兵法、誘敵深入法、情緒控制法、數字運用法……等，有些是已經流行於世，為大眾所普遍運用的，有些則尚待加以闡發。這比我們平常所知曉的「三十六計」，又多了「二十五計」。難怪今日不僅在公共關係領域裡，就是在商場策略或企業管理方面，也加以引伸運用了。

就以「避實擊虛法」來說吧！孫子云：「夫兵形象水，水之形，避高而趨下，兵之形，避實而擊虛。」這就是說，用兵的法則像流動的水一樣。水流動起來是避開敵人防守堅實的地方，而攻其空虛薄弱之處。在公共關係活動中，雙方都有虛實之處，誰善於抓住對方空虛薄弱之處，避開對方進攻或是防守堅實的地方，誰就容易獲勝。

　　有人說，英國的莎士比亞不僅是一位大文豪，更是一位心理分析學家。他的〈凱撒〉一劇，正是能夠抓住群眾的心理，與孫的「避實擊虛法」，有異曲同工之妙。當凱撒有成為專制君主的可能時，他的義子布魯托士基於愛國與正義，把凱撒殺了，群眾都向布魯托士歡呼，把他看做英雄。而此時的安東尼，不直接指控布魯托士，只要求給凱撒舉行喪禮。於是由一連串巧妙的默語，偽善的含蓄、悲壯的舉動，居然將群眾的心理完全轉變過來。於是布魯托士從英雄的地位，一下子變成祖國的叛徒與謀殺者了。安東尼對於群眾心理的掌握，以及「避實擊虛法」的運用，可謂達到高峰了。

　　這或許是東西方有智慧的人，所見皆同吧！

13. 不世出奇才──丹皮爾

　　每當我展讀湯恩比（A Toynbee）所著的《歷史研究》一書時，對於他那淵博深邃的史識，驚異不已，油然而生崇仰之情。而讀丹皮爾（William Dampier）的《科學史及其與哲學和宗教的關係》一書，心中更是震駭無已，世上竟有這樣不世出的天縱奇才，他那腦海裡，就像「萬有智庫」的浩瀚，好像天地間的學問，竟集於他那方寸之間，源源不絕。

　　湯恩比是二十世紀有名的歷史哲學家，臺灣的知識界知之甚詳，而丹皮爾則鮮有人知，這大概是因為治學領域不同的緣故吧！

　　丹皮爾本身是一位物理學家，大部分的時間任教於英國劍橋大學。他的著作除了《科學史及其與哲學和宗教的關係》（*A History of Science and It's Relations with Philosophy and Re-*

ligion）外，還有《科學與人的心靈》（*Science and the Human Mind*）、《物理科學的發展近況》（*The Recent Development of Physical Science, 1904～1924*）、《劍橋現代史》中論述〈科學時代〉的一章、《大英百科全書》第十一版（1911年）中有關〈科學〉的一文，以及哈姆斯華斯公司出版的《世界史》中論述〈現代科學的誕生〉一章等。

　　他的《科學史》初版於 1929 年問世，以後大約每十年修訂一次，已經印行了二十多版。作者不僅精通物理學、化學、天文學、數學、生物學，甚至連地質學、生理學、醫學、心理學、政治學、社會學、人類學、邏輯學、哲學、宗教學等也無所不通，無所不曉。我常想，像這樣的學問奇才，除了過目不忘的天賦異稟，以及孜孜不息的努力外，如何能得？

　　這部《科學史》，縱橫上下古今六千年，從巴比倫、埃及開始，以迄 1949 年為止。內容包括古代世界的科學，中世紀、文藝復興、牛頓時代、十八世紀、十九世紀的物理學，十九世紀的生物學，十九世紀的科學與哲學思想，生物學與人類學的進一步發展，物理學的新時代，恆星宇宙，以及科學的哲學及其展望等十二章。真是博大淵深、浩瀚如海，它與庫恩（Thomas Kuhn）的《科學的結構》以及科恩（Bernard Kohen）的《科學革命史》，都呈現了特殊的面貌。不過比起庫恩與科恩來，丹皮爾的著作顯然範圍廣泛得多，而且比他們早出版三十多年。開山的著作到底要艱難得多啊！

　　古云：「生也有涯，學也無涯」，人生短短數十年，而學術浩瀚如海，像丹皮爾這樣，涉身自然科學、生理醫學、社會科學、人文科學的大學問家，世間能有幾人？

14. 曠世奇女子——人類學家米德

　　二十世紀初期，學術界曾爆發了一場大論戰：個人的認知結構及其行為，究竟是先天基因遺傳的一部分，還是因生活的社會環境而獲得？也就是通常我們所說的「先天與後天」的大辯論。而在這場辯論中，人類學家、曠世奇女子瑪格麗特‧米德（Margaret Mead, 1901～1978）扮演著重要的角色，也使她在三十歲左右成為美國家喻戶曉的人物。

　　米德之所以嶄露頭角，是因為她對南海薩摩亞等島嶼，作了先驅性的田野調查研究，而得出人性可塑性的結論。她並以對二十世紀不斷改變的習俗的淵博知識而聞名。經過她先後五十年的不斷寫作與演說，她對兒童、家庭生活以及社會觀點的影響力，遍及全球。而這要歸功於她的冒險犯難與創新研究的學術生涯。

　　在二十世紀初期，美國心理學家史丹利‧哈爾（G. Stanley Hall）強烈主張，青少年受生理所驅動，「暴躁與緊張」為青春發動期必然的現象。而當時擔任哥倫比亞大學巴納德分校人類學系系主任的鮑斯（Franz Boas）則認為，西方世界青少年普遍存在的叛逆與浪漫主義現象，或許在一個「原始」社會中並不存在。於是鮑爾教授指示研究生米德研究這個課題。當她啟航前往南海薩摩亞時，年僅二十三歲。她花了一年的時間進行田野調查，敏銳的觀察當地人的生活，寫滿了許多筆記本。米德的結論是：在薩摩亞，孩子與大人的關係通常不正式，多重而且擴散很廣，並有強烈情感。當地人與人之間的關係沒有西方人那種罪惡感。青少年的生活十分愜意，在性方面也多采多姿，沒有惱人的問題與揮之不去的創痛，沒有獨身的

壓力，沒有浪漫的愛情遐思，也沒有那些戀母情節的煩惱，更沒有心理不調。那是一個遙遠的南海樂園。

在以後不斷的研究中，她更加堅信，「人的天性有幾乎難以置信的可塑性，可以對不同文化傳統有精確而不同的反應……文化是人為的，它們由人的物質造成的。」這正是文化決定論的觀點。

當米德以生動活潑的筆觸，寫出她的第一本研究論文──《薩摩亞時代的來臨》（*Coming of Age in Samoa*）時，獲得了極高的聲譽。不僅好奇的民眾看得津津有味，就是專家也大為嘆服。其後十年，他又在南太平洋的一些島嶼，進行田野調查。他不僅成為人類學家，也成了知名的作家。1935 年，她發表論文〈性與氣質〉。1950 年，出版暢銷書《男與女》，更奠定了她的崇高地位，成為美國人心目中的偶像。

然而在她去世後的五年，也就是 1983 年的一天，紐約時報出現了澳洲人類學家德瑞克·福利曼（Derek Freeman）對米德的抨擊。福利曼於 1940 年代初期訪察薩摩亞，1960 年代重返薩摩亞做長期考察。他指出：薩摩亞根本不是米德所描繪的人類天堂，而是一個充滿衝突與焦慮的殘破社會。自由派的鮑斯所以派米德去進行田野調查，目的在於對傳統說法提出挑戰。人類學上的一頁傳奇就如此被捏造出來了。然而許多著名學者認為，福利曼引用的資料基礎與來源，有所偏執。因為米德初訪在 1920 年代，與福利曼初訪的 1940 年代，其間相隔二十年左右，而且 1940 年代是在太平洋戰爭期間，薩摩亞必然經歷許多改變，何能因此而抨擊米德？

美國現代著名的人類學家季爾茲（Chifford Geertz）說得好：「人類學家本身不可能絕對客觀的蒐集資料，或免除偏

見和預設立場。」這話真是一針見血。

15.《世紀之書》經典巨著

歷史的長河，奔流不息，不舍晝夜。人類社會已從二十世紀邁向二十一世紀，進入新的千禧年。回首來時路，有的是歡欣、有的是悲戚、有的是憤恨、有的是痛苦、有的是驚心動魄、有的是絢爛璀璨，交織而成繽紛多彩的世紀文化。

二十世紀的文明，正向二十一世紀延伸擴展，這其中，累積了無數大師的經驗和智慧，形成了粹練的結晶。它們紀錄了二十世紀的心跳脈動，也帶領著人類奔向風華世代，這些智慧結晶是什麼？做為現代人，不能不篩選，以資明鑑。

忙碌的現代人，除了在專業領域裡，孜孜不息，埋頭鑽研外，實在很難有太多的時間，觀照全局，在學問之海裡，取精用宏。因而匯集眾多學者專家之力，「摘要整理」智慧之書，指引世人，已成為當前不可或缺的要務。

中國北京大學，集合了一批學者專家，組成了編輯小組，由侯書森、裴蓉等主編，把許多學術領域的智慧大師邀集一堂，分別就二十世紀重要的經典巨著，「摘要整理」，敘述其內容與背景。以分享讀者，並命名為《世紀之書》（*Books of the Century*）。這是二十世紀智慧的精髓，心血的花朵。臺北也於 2000 年 1 月底出版。

誠如編者在序言中所說的：「二十世紀，詭譎多變的世代，她經歷過兩次令人心驚肉顫的世界大戰，人們心理產生許許多多的微妙變化，整個社會的重新組構改變了人類的生活，這是在過去的歷史裡所未曾見到的；心理學、哲學、社會學，

甚至由於女性主義抬頭，所發展出的女性學，在在打開了人類社會的視野，也豐富了人類的文明史。隨著科技的飛進，她更有著許多前所未有的突破；電子資訊的蓬勃發展、電腦工業的突飛猛進，無一不造成另一種的生活型態。也因此，在這樣的日子裡，發展出不同的文化，不論是哲學也好、文學也好、經濟也好、政治也好，這個世紀是充滿著突破性和爆炸性。這些都實實在在的豐富了二十世紀的多樣化」。

在《世紀之書》裡，蒐集了四十三本二十世紀較具影響力的著作，分成哲學、歷史學、心理學、文學、社會學、女性學、經濟學、管理學、科學、未來學、政治學、軍事學等幾大類型。從這些名著的精華敘述裡，人們將可看到文明演進的脈絡。

書中臚列的，在哲學與歷史學方面，有法國沙特（Jean-Paul Satre）的《存在與虛無》、德國海德格（Martin Heidegger）的《存在與時間》、匈牙利盧卡奇（George Lukacs）的《歷史和階級意識》、挪威喬斯坦‧賈德（Jostein Gaarder）的《蘇菲的世界》、英國湯恩比（Arnold Toynbee）的《歷史研究》、以及英國威爾斯（H. G. Wells）的《世界史綱》。

在文學與宗教學方面，有美國海明威（E. Hemingway）的《旭日東昇》、英國艾略特（T. S. Eliot）的《荒原》、日本川端康成的《古都》、奧國卡夫卡（F. Kafka）的《變形記》、美國考門夫人（C. E. Cowman）的《荒漠甘泉》、英國巴克萊（W. Barclay）的《花香滿徑》。

在心理學和教育學方面，有奧國佛洛伊德（S. Freud）的《夢的解析》、美國馬斯洛（A. H. Maslow）的《動機與人格》、德國佛洛姆（E. Fromm）的《愛的藝術》、奧國弗蘭

克（V. E. Frankl）的《人對意義的尋求》、瑞士榮格（Carl G. Jung）的《尋求靈魂的現代人》、美國夏皮羅（Lawrence E. Shapiro）的《我家小孩 EQ 高》、紐西蘭戴頓與美國佛斯（Gordon Dryden&Jeannette Vos）合著的《學習革命》。

在社會學與女性學方面，有德國韋伯（Max Weber）的《新教倫理與資本主義精神》、匈牙利曼海姆（Karl Mannheim）的《意識形態與烏托邦》、美國馬爾庫斯（（Herbert Marcuse）的《愛欲與文明》、法國波娃（Simone De Beauvoir）的《第二性》、美國海蒂（Shere Hite）的《海蒂報告‧女人卷》、美國韋爾（Bonnie E. Weil）的《外遇：可寬恕的罪》。

在經濟學與管理學方面，有英國凱因斯（J.M. Keynes）的《就業、利息和貨幣通論》、美國熊彼得（J. A. Schumpeter）的《資本主義、社會主義和民主主義》、美國薩繆爾森（Paul A. Samuelson）的《經濟學》、美國里昂鐵夫（W. Leontief）的《投入產出經濟學》、英國羅賓遜（Joan Robinson）的《現代經濟學導論》、美國傅利曼（Milton Friedman）的《最優貨幣數量和其他論文》、美國杜拉克（Peter F. Drucker）的《經營管理》、美國賽蒙（Herbert A. Simon）的《管理決策的科學》、美國大內（William G. Ouchi）的《Z 理論：美國企業界怎樣迎接日本的挑戰》。

在科學與未來學方面，有美國佛里德‧希倫的《挑戰上帝》、美國薩根（Carl Sagan）的《魔鬼盤據的世界》、美國貝爾（Daniel Bell）的《後工業社會的來臨》、美國托佛勒（Alvin Toffler）的《第三波》、美國尼葛洛龐蒂（N. Negroponte）的《數位革命》。

在政治學與軍事學方面，有英國保羅・甘迺迪（Paul Kennedy）的《世界強權的興衰》、美國羅爾斯（John Rawls）的《正義論》、法國李德哈特（B. H. Liddell- Hart）的《戰略論》、美國布勞第（Bernard Brodie）的《絕對武器》等。

過去，學術界對於各個領域的經典名著，也曾作了一番整理提要的工夫，例如費迪曼（Clifton Fadiman）的《一生的讀書計劃》、約翰・坎尼（John Canniny）主編的《世界名著一百本導讀》、海爾布朗諾（R. Heilbroner）的《改變歷史的經濟學家》、唐斯博士（R. B. Downs）的《改變歷史的書》、布羅迪博士兄弟（David E.Brody& Arnold R. Brody）的《發現科學》、以及紐約時報書評精選出版的《二十世紀的書》（Books of the Century:），都是針對經典名著、提要介紹和詳述，有其偏重與特色。《世紀之書》與它們有異曲同工之妙。

16. 西方社會學名著

無論東方和西方，有關社會思想的論述真是源遠流長。然而近代社會學的創立與發展，事實上也不過僅有一百七十年左右的歷史。而一般皆以 1839 年法國的孔德，在他的《實證哲學論集》第四卷中，正式提出「社會學」這個名詞為發軔。因此孔德便被稱為「社會學之父」。

在孔德倡導以「科學方法」研究社會學不久，也就是 1859 年，達爾文發表《物種源始》一書，確立了「進化論」的法則。這對於社會學的發展，無異帶來了一盞明燈。於是英國學者史賓塞，以達爾文的進化論為基礎，呼應了孔德倡導建

立社會學的主張。他在其偉大的著作《社會學原理》一書中，對社會學與自然界之間統一性的思想，做了進一步的論證。他明確指出，社會學與自然生物有機體之間存在著許多相似之處，例如生長過程、結構進化、功能分化、相互依賴等，因此完全可以用分析生物有機體相同的那些概念、原理和方法，來分析人類社會。老實說，史賓塞對於研究社會學的貢獻，比起孔德來要精密細緻得多。因為他所提出的許多概念，如結構、功能、分化、進化等，迄今仍是社會學中普遍使用的分析工具。

自孔德、史賓塞以降，西方社會學的發展大體上可分為三個階段：第一個階段是至第二次世界大戰以前漫長的一百年間，可謂百花齊放，競吐芬芳，對社會學的產生和形成做出獨特的貢獻；第二階段是自第二次世界大戰之後至 1980 年代。此一階段，哈佛大學教授派深思，嘗試綜合各家學說為起點，建立了博大精深的「結構功能理論」體系。然而社會學的理論並沒有因此而融合，反而進一步分化。如抽象分析與經驗研究，宏觀與微觀，衝突與均衡等，加深了人們對社會過程側面的理解與認識，也將社會學帶入了新的困境。因而社會學發展的第三階段隨著時代的呼喚來臨了。自 1980 年代開始，社會學的發展以新的綜合為其特徵。當代的社會學理論綜合活動顯得更為普遍，參與的人數也更多，不僅包括大量屬於各理論流派之中的學者，他們孜孜矻矻，從事綜合與創造性的研究。

中國北京大學，組成了一個編輯小組，集合了各方社會學者專家，選出了這一百七十年來，西方社會學界思想敏銳，影響深遠的名著四十部，每人針對自己專精的部分，撰寫一部「名著提要」，以引導研究人員，並命名為《西方社會學名

著提要》，由謝立中教授主編，並撰導論，臺北則於2000年2月出版。

　　在這四十部名著中，孔德、史賓塞、齊穆爾、巴烈圖，東尼斯等人的著作，因為找不到合適的提要撰稿人，只好付諸闕如，這是很可惜的。書中介紹的三十五部名著包括：涂爾幹（Emile Durkheim）的《社會學研究方法論》（1895）和《社會分工論》（1893）、韋伯（Max Weber）的《經濟與社會》（1921～22）、庫里（Charles H. Cooley）的《人類本性與社會秩序》（1902）、舒茲（Alfred Schutz）的《社會世界的現象學》（1932）、盧卡奇（Georg Lukacs）的《歷史與階級意識》（1923）、霍克海默（Max Horkheimer）的《批判理論》（1968）、馬庫斯（Hebert Marcuse）的《理性與革命》（1941）、派深思（Talcott Parsons）的《社會行動的結構》（1937）與《社會系統》（1951）、默頓（Robert K. Merton）的《社會理論與社會結構》（1949）、米爾斯（Wright C. Mills）的《權力精英》（1956）、達倫道夫（Ralf Dahrendorf）的《工業社會中的階級與階級衝突》（1959）、科塞（Lewis Coser）的《社會衝突的功能》（1956）、倫斯基（Gerhard E. Lenski）的《權力與特權：社會分層的理論》（1966）、霍曼斯（George C. Homans）的《社會科學的本質》（1967）、布勞（Peter Blau）的《社會生活中的交換與權力》（1964）、布魯默（Herbert Blumer）的《符號互動主義：觀點與方法》（1969）、加芬克爾（Harold Garfinkel）的《俗民方法學研究》（1967）、柏格和盧克曼（Peter Berger & Thomas Luckmann）的《現實的社會建構》（1967）、哈伯瑪斯（Jürgen Habermas）的《認識與人類旨趣》（1968）、《溝

通與行動論》（1981）及《事實與規範之間》（1996）、阿多諾（Theodor W. Adorno）的《德國社會學中的實證論之爭‧導言》（1969）、顧德納（Alvin Gouldner）的《西方社會學面臨的危機》（1970）、柯林斯（Randall Collins）的《衝突社會學》（1975）、亞歷山大（Jeffrey C. Alexander）的《社會學的理論邏輯》（1983）及《微觀與宏觀的聯結》（1987）、盧曼（Niklas Luhmann）的《社會分化》（1982）、季登斯（Anthony Giddens）的《社會的重構》（1984）、柯爾曼（James Coleman）的《社會理論的基礎》（1990）、布赫迪厄（Pierre Bourdieu）的《實踐的邏輯》（1980）、布赫迪厄與華康德（Pierre Bourdieu & Loic J. D. Wacquant）的《反思社會學導引》（1992）、埃利亞斯（N. Elias）的《論文明的進程》（1939）與《符號理論》（1991）等。

　　如上所述，當代社會學理論，已進入了新的綜合階段，形成了一種與派深思的「一元綜合」態勢不同的「多元綜合」態勢。像科塞、倫斯基、巴克萊、彼得、柏格和盧克曼、柯林斯、亞歷山大、柯羅密、蒙齊、盧曼、阿切爾、季登斯、柯爾曼等都是從事新綜合的巨擘。尤其哈伯瑪斯站在批判理論的立場，會通諸子百家，其學說涉獵之廣之深，可以說是罕有其匹。他試圖將派深思的結構功能論、韋伯的詮釋社會學、米德與布魯默的符號互動論、馬克斯主義以及盧卡奇、阿多諾、霍克海默等人的思想融合起來，提出了「富有創造性的綜合了各種思想的批判理論」，即「溝通行動論」。而他的另一巨著《事實與規範之間》才於 1996 年問世，進一步運用「溝通行動論」，對現代社會中一些基本問題作了更深入的分析。

　　德國的社會學家埃利亞斯晚年得志，在當代西方社會學

界聲譽鵲起。他早年著有《論文明的進程》一書，並未受到多大重視，六、七〇年代後才日益獲得廣泛的注意。他試圖突破主觀與客觀，宏觀與微觀，個人與社會之間的二元對立，從對立面的相互滲透、相互作用中，來把握各種社會學過程的研究取向。他於 1991 年問世的《符號理論》一書，得到了充分的體現。

　　總而言之，西方社會學正進入一個「新綜合」的階段，距離統合目標還有相當的距離，但已能從高空俯瞰大地，有了新的起點。物理學界雖然已經發展出量子色動力學和電弱力理論，都還不能找出統攝萬有的「統一場論」，而只能用「超弦理論」來假設，更何況是研究「人際互動」的社會學呢？

17. 西方管理學名著

　　有人說，管理學是經世治國之學，也是企業興衰存亡之學。公元第三世紀，三國時代的蜀漢沒有了諸葛亮，便走向衰亡。現今世界的大企業沒有傑出的管理人才，也不可能永賡經營。

　　自有人類歷史以來，管理一直是重要的活動。因為管理一事是要發揮某些職能，以便有效獲取，分配和充分利用人力和資源，來實現某種目標。而管理又是各種不同文化準則和制度的演變而向前推進的。從本質上來看，人類具有經濟、社會和政治等方面的需求，必須通過組織的努力，以求滿足。管理乃是此種需求必不可少的活動。它有助於實現個人和組織的目標。各種組織如家庭、部落、國家和教會、企業，在歷史上都是作為實現人們目標的手段而出現的。為了實現這些目標，抱

有共同目標的人，便組成了組織，以滿足他們的需求。而這些
組織必須加以管理，才能看出成效。

　　管理思想固是源遠流長，但卻到了現代，管理學才被認
為是一門學科和一項專業。進入二十世紀，管理學才算剛成
年，得到了尊敬和肯定。但即使如此，管理學仍處於發展的階
段，各大學商學院及管理學院，希望給人一種富有悠久內涵和
智慧的印象，但事實上，他們的歷史都是很短的。

　　在美國，芝加哥大學商學院創建於 1898 年，新罕布夏州
達特茅斯（Dartmouth）大學的愛默斯達克（Amors Tuck）學
院創建於 1900 年，這是世界上第一所管理學研究所。哈佛大
學於 1908 年才有 MBA 學位，至 1919 年才創辦商學研究所。
在歐洲，系統化管理學教育的興起就更晚了。法國的歐洲企業
管理研究院在 1959 年才開始有 MBA 課程，英國直到 1965 年
才在曼徹斯特和倫敦開辦了最早的兩家公立商學院，劍橋和牛
津則是過去十年才開設管理學課程。

　　一般管理學者，通常把管理思想史分為幾個階段：第一
階段是傳統管理理論時期，即從古代到工業革命以前；第二階
段是古典學術管理理論時期，即從工業革命以後到第二次世界
大戰以前。第三階段是行為學說管理理論時期，這包括工業心
理學說，人群關係學說，以及近期的行為科學理論；第四階段
是現代管理理論時期，也就是自第二次世界大戰以後，程序學
派、行為學派、計量學派、系統學派等的興起，真是百家爭
鳴、競吐芬芳。1982 年彼得斯和華特曼（Tom Peters & Robert
Waterman）出版了《追求卓越》一書後，經營管理書籍市場
轟然起飛，且從那時起，這個市場不斷擴大，現在每年都有成
千上萬的經營管理著作出版，蔚為風潮。

　　幾年前，二十多位華人管理學教授，組成了一個編輯小組。選擇了西方管理學的名著三十三部及其作者三十四人，由專精的學者分別執筆，予以介紹並評論，內容涵蓋了西方管理學的主流理論，如古典管理理論，行為科學理論和當代管理理論等。並於 1999 年 10 月在臺出版，命名為《西方管理學名著提要》。這與管理學者科雷納（Stuart Crainer）所獨自撰寫的《企業大師報到──創建管理的五十位思想家》，有異曲同工之妙。

　　《西方管理學名著提要》所臚列的三十四位管理學家及三十三部名著包括：雷恩（Daniel A. Wren）的《管理思想的演變》（1979）、厄威克（Lyndall F. Urwick）的《管理備要》（1956）、孔茲（Harold Koontz）的《管理理論的叢林》（1961）與《再論管理理論的叢林》（1980）、泰勒（Frederick W. Taylor）的《科學管理原則》（1911），費堯（Herri Fayol）的《工業管理和一般管理》（1916）、梅奧（Elton Mayo）的《工業文明的社會問題》（1945）、馬斯洛（A. H. Maslow）的《人類動機理論》（1943）、赫茲伯格（Frederick Herzberg）的《工作與人性》（1966）及《再論如何激勵職工》（1968）、麥克利蘭（David C.Mcclelland）的《渴求成就》（1966）與《權力的兩面性》（1970）、羅勒與波特（Edward Lawler & Lyman Porter）合著的《工作績效對工作滿意感的影響》（1967）、麥克雷格（Douglas M. McGregor）的《企業的人性面》（1957）、阿吉瑞斯（Chris Argyris）的《個人與組織；相互協調的幾個問題》（1957）、利克特（Rensis Likert）的《管理新模式》（1961）、弗魯姆（Victor Vroom）的《管理決策理論》（1973）、布萊克與穆頓

（R. R. Blake & J. S. Mouton）合著的《新管理方法》（1978）、本尼斯（Warren Bennis）的《組織發展與官僚體系的命運》（1966）、西肖爾（Stanley Seashore）的《組織效能評價標準》（1965）、威廉、大內（Willam Ouchi）的《Z 理論》（1981）、巴納德（Chester Barnard）的《經理人的職能》（1938）及《組織與管理》（1948）、賽蒙（Herbert A. Simon）的《管理決策新科學》（1977）、杜拉克（Peter Drucker）的《管理：任務、責任、實踐》（1974）、戴爾（Ernest Dale）的《偉大的組織者》（1960），卡斯特與羅森茲韋克（F. E. Kast & J. E. Rosenzweig）的《組織與管理：系統與權變的觀點》（1979）、洛希（Jay Lorsch）的《組織結構與設計》（1970）、菲德勒（Fred Fiedler）的《讓工作適合管理者》（1965）、豪斯與米契爾（Robert House & Terence Mitchell）合著的《關於領導方式的目標──途徑理論》（1974）、坦南鮑姆與施米特（Robert Tannenbaum & Warren Schmidt）的《如何選擇領導模式》（1966），伯法（Elwood S.Buffa）的《生產管理基礎》（1975）、明茲伯格（Henry Mintzberg）的《經理工作的性質》（1980）等。

觀察這張名單及書目，可以說是起於「科學管理之父」泰勒，以迄 1981 年大內的「Z 理論」，都是二十世紀的著作。而二十世紀以前及近年來的新著均付諸闕如。

相對的，科雷納所著的《企管大師報到》一書，不僅納入了中國的孫子、十六世紀義大利的馬基維利、德國的韋伯、日本的松下幸之助、盛田昭夫、大前研一，就是近人如波特、肯特、錢辟，以及印度的葛夏爾等人的最新代表著作，也都羅列在內，範圍就廣泛得多了。

18. 賽蒙與杜拉克

在當代學術領域理，賽蒙（H. A. Simon）與杜拉克（Peter Drucker）均為一代宗師，也以博學著稱。

賽蒙是管理學決策理論學派的創始人之一，而杜拉克則是經驗學派的代表人物。兩人又都是經濟學家，賽蒙比杜拉克小七歲。杜拉克沉浸於管理哲學，管理原理，管理組織，高層管理，管理挑戰等方面都有深邃的研究與獨到的見解；而賽蒙則於 1978 年，因其代表作：《行政管理行為》（Administrative Behavior）及其相關著作，「在經濟組織內決策過程方面作了先驅性的研究，提供了卓越的貢獻」，而獲得諾貝爾經濟學獎。

賽蒙的博學令人嘆為觀止。在 1968 年至 72 年間，先後擔任美國總統詹森與尼克森的科學顧問。他無論在心理學、政治學、社會學、管理學、哲學、電腦科學、經濟學、訊息理論，以及人工智慧等多種學科領域，都有很高的造詣。他還是世界上第一位獲得諾貝爾經濟學獎的心理學家。

這樣一位學人必定是一般人望塵莫及的天才了。但是賽蒙自己並不這麼認為。他指出：對於有一定基礎的人來說，只要他肯認真下功夫，在六個月內就可以掌握任何一門學問；每位立志成才的人，經過十年孜孜不倦的努力，都有可能達到「大師」的水平。

賽蒙的這種看法，並不是誇誇其談，而是依據實驗心理學有關的記憶研究成果。心理學研究表明，一個人一分鐘到一分半鐘，可以記憶一個訊息，心理學稱之為「模組」。有人對任何一門學問所包含的訊息量作過統計，估算每門學問所包含

的訊息量約為五萬個「模組」，任何人只要掌握了這些訊息，都可能在某一專門領域內成為專家。一分鐘記憶一個「模組」，五萬個「模組」大約需要一千小時，以每星期工作四十小時計算，要掌握一門學問約需六個月功夫。作為一個電腦專家，賽蒙提出的每一個論點，都輔之以精確的量度。六個月或十年或許不能使每個人都成為像賽蒙一樣博學的人物，但他所主張的「天才出自勤奮」的觀點，卻給現代學者以極大的鼓舞。

和賽蒙追求卓越學術相似的是杜拉克。他早年在奧地利受的教育是法律，曾擔任報社駐海外特派員，英國商業銀行經濟學家。1937 年起移居美國，因為撰寫許多著作，先後擔任美國通用汽車公司、克萊斯勒公司、國際商用機器公司等大企業及一些外國公司的顧問。以後又擔任本寧頓學院政治和哲學教授、紐約大學工商研究所管理學教授、克拉蒙研究院社會科學講座教授。1945 年創辦杜拉克諮詢公司，自任董事長。他的著作將近四十部，是當代西方最有影响力的管理學家之一。被推舉為「大師中的大師」。

杜拉克追求學術之道，與賽蒙極為相似，在過去六十多年中，他每隔三、四年，都會挑選一個新的知識領域下苦功，例如選擇十六世紀的金融運作，作為研究題材，或是人類科技史、人類勞動史、美國政治人物史、英國統治印度史，甚至日本藝術。他建議世人應全方位的學習各種新知識，從而進行自我更新。即使到了九十二歲高齡，但他這種研究習慣始終如一。

賽蒙與杜拉克的為學之道，或許值得後學者咀嚼吧！

19. 神經科學影響教育

有人說：「人之初，影響其一生。」這話從神經生物學的觀點來看，確有其道理。

人之初，要從胎教開始，傳統習俗言之鑿鑿，現代生理學與神經科學更獲得了具体的證實。因此在懷胎時，經常隔著肚子撫摸胎兒，對胎兒講話，傳送訊息，都是很有益處的，甚至營養的調理，音樂的輸送，也都是必要的。

而自幼兒出生起，最好就能獲得母乳餵食，這可增強免疫系統；而最好也能由父母親自帶領長大，因為父母與幼兒的「費洛蒙」是互相諧和感應的，而「費洛蒙」正是心電感應的關鍵因子。若果幼兒由傭人帶著成長，那在人格發展上也會產生相當的差距。

現代神經科學家已經證實，每個人的大腦，有如一塊超強的海綿，自出生到十二歲之間，特別是在出生到六歲之間，擁有超強的吸收力。不管是好的或壞的刺激訊息都會進入腦部，建立起微構造。而大腦神經元之間的連結，這段期間也特別強固。無論聲音、影像、氣味、碰觸，就像是小小木匠一樣，它們全都會迅速改變人腦這個建築，有時還會變成破壞分子，豈能不慎重。

正由於大腦自出生至十二歲之間擁有超強的吸引力，所以英國十九世紀偉大的思想家與經濟學家約翰‧穆勒（John S. Mill），在三歲時就在父親的督導下受教，到了十三歲已是學貫古今中外了。穆勒的教育方式實在太嚴苛，也影響了他的人格健全發展。以現代教育眼光來看，那是不恰當的。但幼兒早年自然的培養他們的學習興趣，對於大腦連結的建構，卻是極

有益處的,例如基本的語言與基本的數學等。尤其在語言方面,如能從三歲開始就訓練起,要學會四、五種語言,並不是難事。所以我們贊成國民義務教育提早一年,向下紮根,然後逐步向上發展,而前六年的國民小學教育也就是做好一生生涯規劃的前奏。尤其是人格教育與修身、健康之道,均應於十二歲以前大致底定。那麼社會也就比較少有不良青少年了。

現代神經科學的發展,已大大改變了傳統的教育觀念。當前我國的社會發展,似乎以經濟資本的投資為導向,而在人文與社會資本的投資方面,實嫌不足。這是亟待加以修正的。

20. 音樂與腦波

許多人喜愛音樂、歡喜唱歌。因為音樂是人類共通的語言,能夠洗滌靈魂所沾的生活塵垢,令人神清氣爽,心曠神怡。

當一個人心曠神怡時,他的腦波一定呈現 α 波的狀態,也就是波動在 8 到 14 赫茲之間,自然會分泌腦內嗎啡,既有益身體健康,又能提升記憶力與學習力。

以《腦內革命》一書,享譽全球的日本著名醫師春山茂雄說得好:「呈現 α 波的狀態時,右腦才會活躍。」原來在人體的 DNA 中,除了本能之外,還烙刻著祖先們曾經驗過的智慧與情報,儲藏在右腦中。也就是分析心理學家榮格所說的「集體潛意識」。如要喚醒這顆潛在腦,身心鬆弛就成為絕對條件。所以佛家倡導打坐冥想,靜心澄慮,就是這個道理。

春山茂雄博士指出,就日常生活而言,人們由於緊張,腦內會呈現 β 波;在酣睡時,則呈現 θ 波和 δ 波。如能一面醒

著，一面又能使右腦活動呈現如同睡著般的層次，就會有很大好處。春山茂雄甚至以這個原理為患者治病。

德國偉大的音樂家貝多芬，和英國大文豪莎士比亞，也都推崇音樂的魔力。貝多芬說：「音樂應從男人心中打出火來，從女人眼中打出淚來。」而莎士比亞則言道：「靈魂裡沒有音樂，或是聽了甜美的樂聲而不會感動的人，都是善於為非作歹，使奸弄詐之徒；他們的靈魂就像黑夜一樣深沉，他們的感情就像鬼域一樣幽暗。這種人是不可信任的。」

科學家愛因斯坦，在研究高深理論時，就常得助於音樂的啟發。而兩千多年前，希臘哲學家柏拉圖也曾明白表示：「在教育上，音樂比其他方法更為有效。」

柏拉圖以為，幼兒教育應該從音樂開始，當兒童學會欣賞音樂優雅的節奏時，他的整體意識將會變得有條不紊。

無論是柏拉圖、貝多芬、莎士比亞、愛因斯坦、或春山茂雄，對於音樂的魔力（吵雜的樂音除外），都推崇有加。音樂與歌聲確能美化人生，是破碎心靈的良藥，那是我們都能親身體會的。所以李登輝先生會在總統府創辦音樂會，歐美各地的歌劇院之所以盛行，正是其來有自。

而科學家最近也發現，多聽輕音樂，有助心臟健康。

過去的研究指出：輕音樂可以改善一些中風或帕金森氏症患者的行動能力。

義大利科學家伯拉米尼博士，經過七年的研究發現，節奏比較快的音樂，會誘使人們心跳加快、血壓升高與呼吸加速，反之，節奏慢的音樂，則有舒緩心血管及呼吸速率的效果。伯拉米尼強調：節奏比較舒緩的音樂，對心臟有益處，可以應用在心血管疾病患者，以及中風的病人身上。

中世紀時，修道士就是利用音樂來背誦經文；我國的僧侶又何嘗不是如此？神經心理學家喬治·羅桑諾夫博士就發現，巴洛克音樂對人腦吸收和記憶東西，具有極大影響。因為巴洛克音樂的節拍，剛好和人腦「放鬆的清醒」時的 α 腦波頻率是同步並行的，這時最適合學習，吸收力最強。

舒緩的音樂不但有助於學習記憶，現在更證實，有益於人體健康。

然而，音樂與唱歌畢竟有其界限，藝術與娛樂畢竟有其分界嶺。

由於唱歌可以發抒情懷，美化人生，兼具娛樂，所以這十多年來，卡拉 OK 風行世界，臺灣地區也極盛行。許多卡拉 OK 店人滿為患，生意興隆。吾家附近方圓二里內，起碼就開了五家卡拉 OK 店，真是漪歟盛哉!

唱歌是好事，但個人使用唱歌時間要適可而止，不宜過分，否則喉嚨會發生問題。東京一家大學（Keito University）醫學院最近提出一項研究報告：指出過度歌唱卡拉 OK，很容易得「喉部息肉」（throat polyps）。這是因為過度使用聲帶而在喉部長出的小肉塊。在那些大量使用聲音的專業人士中頗為常見。「喉部息肉」這個名詞，現在已經廣為醫生所使用了。愛歌者不能不注意。

21. 紐約時報百年書評精選

提起紐約時報書評，許多人都會翹起拇指說好，因為它是美國歷史最悠久的書評副刊，自 1896 年開始以來，年復一年，百年來已建立了它的權威性，成為讀者週末愉快的精神食

糧；而作家的作品，只要能上紐約時報書評，無異鯉魚登龍門，頓時身價百倍，而引起學術界的特別注意。

紐約時報書評，在 1911 年以前，是每週六見報，1911 年開始在週日見報。百年來，它評論過的作品無數，只要當時有份量的書，都以能上紐約時報書評為榮，所以美國的讀書市場，幾乎以這個副刊為指標。

1999 年，紐約時報把百年來的書評，精選了二百五十篇，編印成冊，公諸於世，以饗讀者。中文版並命名為《二十世紀的書》（*Books of the Century: A Hundred Years of Authors, Ideas and Literature*）。這無異就是一部二十世紀文學史，而且鮮明跳躍。

從這二百五十篇精選的書評中，我們可以看出世界文壇的趨勢或更迭，即使不算永恆，也能發人深省。例如作家世代的突然誕生，像海明威、德萊賽、費滋傑羅等人，在第一次世界大戰後不久轉變文學景觀，將文學重心由歐洲轉移到美國。而在 1950 年代及 1960 年代，兒童文學如百花齊放，以因應嬰兒潮；1970 年代則噴瀉出獨特原創的小說作品；其後傳記的偉大年代緊接登場。時報書評最初沒有簽名，高高在上的「評介」和「賞析」，漸漸的簽名專欄及作者姓名開始出現，真正的批評也才開始登場，旁徵博引，可讀性高。就某方面來說，書評隨著時代成名，變得圓熟洗練，吸引了美國讀者大眾。

在時報書評提及的作品中，有些後來都已獲得了諾貝爾文學獎或其他類型的獎項。從 1897 年亨利·詹姆士（Henry James）的《寶恩頓之劫》說起，接著是英國史學家兼科幻小說家威爾斯（H. G. Wells）的《隱形人》、陸續上場的有喬瑟

夫‧康拉德（Joseph Conrad）的《吉姆爺》、左拉（Emile Zola）的訪談、海倫‧凱勒（Helen Keller）的《我的生命故事》、杜思妥也夫斯基（Fyodor Dostoevsky）的《卡拉馬助夫兄弟們》、卡爾‧榮格（Carl Jung）的《潛意識心理學》、亨利‧亞當斯（Henry Adams）的《亨利亞當斯的教育》、佛洛伊德（S. Freud）的《精神分析通論》、喬哀思（James Joyce）的《尤里西斯》、湯瑪斯‧曼（Thomas Mann）的《魔山》、赫胥黎（Aldous Huxley）的《美麗新世界》、希特勒（Adolf Hitler）的《我的奮鬥》、米德（Margaret Mead）的《性別與性情》、米契爾（Margaret Mitchell）的《飄》、卡內基（Dale Carnegie）的《影響力的本質》、海明威（Ernst Hemingway）的《戰地鐘聲》、金賽（Alfred Kinsey）的《男性的性行為》、邱吉爾（W. S. Churchill）的《暴雨將至》、歐威爾（George Orwell）的《一九八四》、西蒙、波娃（Simone De Beauvoir）的《第二性》、里德勒和柏帝克（William J. Lederer& E.Burdick）的《醜陋的美國人》、夏勒（William Shirer）的《第三帝國的興亡》、普索（Mario Puzo）的《教父》、威爾森（Edward O. Wilson）的《社會生物學》、馬奎斯（G. G.Márquez）的《百年孤寂》、彼德斯和華特曼（T. J. Peters& R. H. Waterman）的《追求卓越》、索忍尼辛（A. Solzhenitsyn）的《重建俄國》、福山（F. Fukuyama）的《歷史終結與最後一人》……，以至 1997 年歐齊克（C. Ozick）的《普特梅瑟外傳》與德里洛（Don DeLillo）的《不見天日》等。

從書評中不僅可以看出原作品的內涵與深度，而且可以發現其優點與缺點。例如喬哀思的《尤里西斯》，在當時文

學界曾引起諸多的爭議，也有人認為其內容難於卒讀。而在時報上書評的人卻是一位醫師，名叫柯林斯（JosephCollins），他就直接了當的指出，沒有經過訓練或指導前，也許只有少數直覺靈敏的人可以看得懂《尤里西斯》，一般聰明讀者的讀後心得，可能有限到近於零──即使是經過細讀，甚至用心研究之後，也只有茫然及厭惡感。但柯林斯認為，喬哀思是個以自我為中心的天才，其最主要的娛樂及最大的興趣，就是自我分析。《尤里西斯》是二十世紀小說界最有貢獻的作品，作者將因此而不朽。他大膽的預言，在一百個人中，看完《尤里西斯》的人不超過十人，在十個看完的人中，五個人會看得很吃力。而柯林斯醫師從頭到尾看了兩次。他說從這本書裡學到的心理學及精神病學，比在神經學研究所十年的收穫還多。這真是先見之明，令人吃驚，也可以看出當時的精神醫師，對於「尤里西斯」的推崇。

又如在評述卡內基所著的《影響力的本質》時，書評作者（未署名）認為這書以俐落、愉快、輕鬆的筆調，寫出個人的趣聞軼事，告訴人們要常保持笑容，和善可親，不和他人爭辯，不吹毛求疵，站在別人的立場，常鼓勵稱讚別人，讓別人暢所欲言，讓別人認為自己想到好點子，絕不能指出別人的錯誤。但如果錯在自己，要迅速明白認錯，如果能聽他的話，一定可以交到朋友。如果我們用戲劇化的方式呈現自己的想法，更能增進交友技巧。書評作者認為，這書的優點在於卡內基簡單、穩當、實用的常識建議，而且以生動、直接、豐富的例證來表達。但這書也有其缺點，正如洛威爾‧湯瑪斯（Lowell Thomas）所形容的，這書似乎明示「通往名望的捷徑」；似乎暗示膚淺境界「性格」就可取代知識、聰慧和能力的紮實基

礎；鼓吹大家激發有效的「熱誠」，但卻不管以熱誠追求的
目標本身有何價值；強調外在的獎賞有至高無上的價值。這真
是一針見血之論。

　　奇怪的是，這書的書評選擇了佛洛伊德 1920 年所著的
《精神分析通論》，卻沒有 1900 年的開山巨著《夢的解
析》。因為就佛洛伊德來講，學術界公認《夢的解析》實為其
代表作，而且具有劃時代的意義。

　　這部《二十世紀的書》，由紐約「時報書評」編輯查爾
斯・麥格拉斯（Charles McGrath）主編寫序，這是一場文學
盛宴，勾勒出百年來重要作家及思想家令人難忘的身影，也帶
領讀者踏上一個世紀的文化旅程，值得深深咀嚼析賞。

22. 《春秋》與《神曲》——兩部警世傳播經典

　　或許有人會問：《神曲》與《春秋》又有什麼關係啦。
這是東方與西方的兩部古典名著。《神曲》的作者但丁與《春
秋》的作者孔子，兩人出生的時代雖然相隔了一千八百多年，
但他們都扮演了新聞評論家與歷史家的重要角色，他們的作品
都具有警世作用。

　　孔子作《春秋》，以編年體的方式，記載魯國的歷史，
但在簡潔的語句中，含有對歷史嚴正的毀譽褒貶，這就是所謂
的「微言大義」，因而使「亂臣賊子懼」，這就是所謂春秋
之筆。

　　而但丁（Dante Alighieri, 1265～1321）呢？基本上他是
一位人本主義者，他有強烈的道德感與對人性的忠誠。他的偉
大著作《神曲》，把歐洲中世紀帶到了榮耀的高峰，也是中

世紀文化的一部完整總論。

在但丁的有生之年中，他的故鄉佛羅倫斯和義大利的大部分地區，一直都處於動盪紛擾之中。但丁曾擔任過官吏與宣傳者的角色。1302 年他因政爭被放逐了，一直飄泊於義大利各地，以至客死他鄉。《神曲》就是他在逝世之前的幾個月前完成的。這和班揚的《天路歷程》一樣，《神曲》也敘述人類地面上生活的故事，可是他卻想像出地獄、煉獄和天國，把塵世狀況鮮明的刻劃出來。詩中時常論及當時的時事新聞，以及古代與當世的人物，把那些惡德惡行的人，都一一打入地獄，這真是暮鼓晨鐘，警世木鐸，使邪惡不德的人心生恐懼。這與孔子的《春秋》，可謂東西輝映。

但《神曲》的體裁與《春秋》是不同的。《神曲》是一部詩體小說，分為地獄、煉獄與天國三部，每部三十三歌，加上序曲，共一百歌。但丁把自己融入其中，敘述但丁在三十五歲時，迷失在一個黑暗的森林裡，忽遇豹、獅、狼攔住去路，但丁高聲呼救，幸虧古羅馬詩人維吉爾前來搭救，並引他遊歷地獄及煉獄。

地獄分為九層，直穿入地球中心。各種各樣的罪人，包括暴君、暴徒、貪官污吏，以及詐欺貪婪的教皇等的靈魂，都按生前罪孽的大小，分別接受不同的懲罰。有的遭受風雨襲擊，有的飽受烈火炙烤，有的遭受血湖燒煮……。

走出地獄，但丁爬上突出海面的煉獄山坡。這裡是罪孽較輕的人修煉所在，生前犯有過錯的人以騙、妒、怒、惰、貪、饕、色等七種罪過，分別懺悔，經過淨火燒煉，逐級升向天國。到了煉獄山頂，那兒光輝燦爛，但丁年輕時的戀人貝亞特麗絲出現了，詩人維吉爾離開了。貝亞特麗絲引領但丁遊歷

天國，但丁見到了聖父、聖母、聖靈三位一體的奧秘。此時，
電光一閃，全詩戛然而止。

在《神曲》中，但丁對教皇、僧侶作了最無情的抨擊，
將他們放到地獄的下層，備受苦刑，而且還親手鞭打他們，甚
至把當時還活著的教皇蓬尼法西八世，也預先打入地獄底層受
罪。但丁還通過自己的敘述或通過與鬼魂的談話，表達了他的
新思想和新世界觀。他所描繪的境界，勸人忠於人性，強調道
德與信仰，強調淨化心靈。

這是一部雄偉的詩篇，一部刻劃永恆人性的故事，在世
界文學作品當中，堪與荷馬、維吉爾、佩脫拉克、莎士比亞等
第一流的天才作品，後先輝映。

第四部

傳播研究的演進與展望

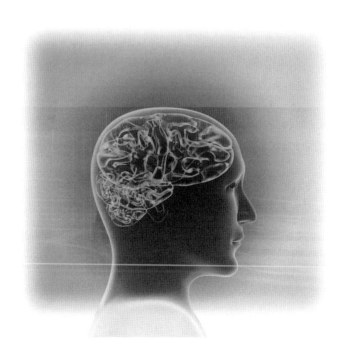

二十世紀初葉，人類自然科學與社會科學的發展，大放異彩，進入嶄新的境界。愛因斯坦的狹義與廣義「相對論」宣告確立；精神分析學的代表作《夢的解析》發表了；「文化形態學」展現其風貌，社會學與科學的心理學逐漸成形；突破傳統，劃時代的凱因斯經濟學崛起；其他學門也百家爭鳴，競吐芬芳。當此之時，大眾傳播學因之應運而興。

大眾傳播學的內涵非常龐雜，氣象萬千。它融合了政治學、心理學、社會學、語意學、人類學、經濟學以及歷史學等相關的學問，形成了特殊的理論架構。迄至目前還在不斷發展之中。就像物理學一樣，儘管已經發現了原子世界，進而研究質子、電子、中子。現在更超越這個模式，進入顯微世界，裡面充滿了希奇古怪的微粒，名字也越叫越新奇，諸如介子（mesons）、玻色子（bosons）、輕子（leptons）、重子（baryons），甚至有叫夸克（Quark）的，連假設要解釋「萬有」的「超弦」理論也出爐了。任何一門自然科學或社會科學，都是不斷研究成長的，大眾傳播學又豈能例外。

當然，我們不能否認，最近八十年來，許多學者對於人與人之間的傳播過程與傳播效果的研究，作了很多貢獻。他們的「本行」可能是心理學、社會學、人類學、政治學、經濟學、歷史學或語意學，他們都以人類行為作為研究的對象，而傳播是人類行為中最重要的一環。誠如宣偉伯教授所說的，他們「來到了交叉路口」，從不同的角度研究傳播，流連一陣後，又依自己的原來方向，各奔前程去了。但也有一些學者在「交叉路口」停留下來，把傳播學當做他們本身的專門科目探討，建立了新的理論架構。

尤其是，大眾傳播學與電腦科學結合後，甚至改變了全

球人類的生活型態，「地球村」於焉形成，人類歷史改寫了。

1. 社會學崛起的影響

大眾傳播學這門新興學問的崛起，最先受到社會學說的影響很大。

當公元 1833 年，大眾化的廉價報紙開始在紐約街頭出現的時候，也恰好在這個時期，社會學開始發展成為一門專門研究社會過程與社會現象為主的有系統的學科。這是一個很有趣的巧合。當時極力主張以科學方法來研究社會過程與社會現象的是法國哲學家孔德（Augustus Comte, 1798～1857），著有《實證哲學論集》（*Course of Positive Philosophy*）一套六冊及《實證政治體系》（*System of Positive Politics*）一套四冊，被公認為是社會學之父。《實證哲學》於 1830 年至 1842 年陸續出版，他所提出的社會有機體論，得到初期社會學者們廣泛的支持。

孔德認為，整個社會秩序的建立和自然法則一樣，基本上是和諧一致的，就和個別的生物有機體相類似，社會有它的結構；社會各個部分各有專業，但共同發揮功能。社會總體並非僅僅等於其中各個部分的總和，社會是不斷演進的。

孔德對於一個社會所特有的繁雜多樣的任務、目標與功能，感到驚奇不已。他說，每一個人和團體似乎都在追求各自的目的，然而總體卻是一個和諧的功能系統，其中的主要關鍵就是專業化（Specialization）。他認為人們自願採取的功能分工是社會穩定和諧的關鍵，也必將對社會產生均衡作用。所以

他說：「所有個體組織，即使是最荒謬最不完善的組織（只要不是惡魔），也許最終將有助於社會的共同利益。」

孔德也看到了過分專業化的危險。因為個人在社會中的地位越是彼此相異，相互瞭解就越來越少，所以相異性便會大增。而同一專業化範圍內的個人，因發展彼此的聯繫，結合一致，同質性大增，而與其他集團產生異化，互相排拒。於是專業化的分工這個原則，固然能使總社會形成與擴張，但另一方面，也可能把社會分解成許多互不相關的團體，看上去幾乎不屬於同類組合。

根據這一理論，隨著社會「有機作用」的演進，經由分工而達成社會和諧與穩定；同時也有可能發展過頭，破壞有機體各個部分之間的有效傳播基礎而導致社會解體和衰亡。換言之，專業化程度增加可能導致社會分歧性增加。這種分歧性增加到某一程度時，各個部分之間的有效聯繫（傳播）即難以維持，有機體的均衡與和諧即受到威脅。所謂「大眾社會」就是從這個論點出發的。

孔德是在 1830 年代發展出社會本質的理論。當時歐洲還沒有受到工業革命廣泛的影響，他只是預言過度分工的後果，而後來的社會理論面臨著新興工業化造成社會大分工的現實，孔德的觀念乃大受重視。

繼孔德之後，對社會有機性質鍥而不捨、深入探討的是英國的斯賓塞（Herbert Spencer, 1820～1903），他與孔德之間存有許多相似之處，但他聲稱是獨立於孔德之外而發展出自己的理念。他是十九世紀晚期英國最著聲名的學者之一，其著作之多，流傳之廣，遠非孔德所能及。他進一步將社會學從哲學中解放出來，於 1850 年至 1896 年間，出版了三部社會學著

作，即《社會靜態學》（*Social Statics*）、《社會學研究》（*The study of sociology*，嚴復譯為《群學肄言》），及《社會學原理》（*The principles of Sociology,* 1876～1896 年完成），另外還寫了《倫理學原理》（*Principles of Ethics*）。

　　斯賓塞認為社會體系是一種超有機體。任何進化都會改變一個社會的結構功能，而其體積的增長也會導致社會分化（differentiation），社會體積越大，社會結構也就越複雜。人類社會的進化是由一種模糊的、不和諧的、同質性的境界改變到一種相當明確的、和諧的、異質性的境界的過程。因此在初等社會裡，各部門間的分界線模糊不清，但是在高等社會裡，各部門間則因分化而有明確的異質性，形成一個新的整合。他將初等社會看做是一種由武力結合的團體，是軍事社會，而高等社會則是自願的，合作的工業社會。

　　他說：「分工在社會中，正如在動物體內一樣，使社會具有生命。」分工之後，社會各部門間變得各不相同，進行各不相同的活動，而且變得必須互相倚賴，而形成一個有機整體。

　　但是，和孔德的論點不同的是，斯賓塞不相信過分的分工會造成社會解體。他認為自然的最基本過程是演進，他目睹英國社會在工業革命時所產生的大變局，認為這是根據自然演進法則而出現的局面，對社會演進加以干預是不當的。他反對以立法來改進社會。在他看來，自然法則就是需求適者才可生存，自然演化終必有益於社會。孔德主張用計畫來改變社會，而斯賓塞則贊成一種幾乎澈底的自由放任政策。

　　這兩位社會學的開山祖師，都未曾預料到二十世紀社會的秩序，在結構上所發生的基本差異。科技的加速發展，帶來

了社會聯繫的有效工具——大眾傳播媒介，同時也孕育了社會中工業組織的推動力。這個新秩序的影響達到了世界每個角落。

另一重要社會學理論，而與傳播研究結合在一起的，是來自德國的學者唐尼斯（Ferdinand Tonnies）。他於1887年寫了一本《禮俗社會與法理社會》（*Gemeins chaft und Gesellschaft*）的書。書中比較了兩種不同社會中個人間與團體間的「社會聯繫」（Social Bonds）情形。

禮俗社會（Gemeinschaft）是工業化前的社會。在這種類型的社會中，人們是藉傳統、親屬、友誼、或其他深厚的感情關係而互相結合的。這種社會組織把個人置於極為強烈的非正式的社會控制之下。簡言之，這種社會有一種「相互而有約束的感情：把人類管束得成為一個總體中的成員」，這一總體可能是家庭、家族、村落、宗教教派、社區、甚或是個社會。在工業化的影響下，分工與專業化的加強，乃使上述社會組織衰退，而逐漸出現「法理社會（Gesellschaft）。

「法理社會」的關係，主要建立在契約上。廣義的說，契約乃是根據理性（而非情感）所同意的自願的社會關係，有關的雙方都有履行的義務，如有違反，將被沒收某些特定的財貨。這是一種正式的關係，和禮俗社會中非正式的關係恰好相反。在這種新社會中，有複雜的信用制度、世界市場、大型正式會社、以及精細的分工。成員之間存在著廣泛的社會契約關係。一切重要機構、經濟秩序、政治結構、教育系統、宗教組織、甚至若干家庭中，往日基於「相互的、有約束力的感情」關係，都被契約類型的關係所取代。而在某些社會交往範圍內，它已成為雙方之間存在的唯一關係，例如房屋買賣；而在

某些範圍內，則很少見，例如家庭之中。

在法理社會中，每個人都獨自活動，與他人之間存在著緊張狀態。他們活動的範圍明確，拒絕他人接觸或進入他的範圍，如有介入，則被視為敵對行動。沒有人想要為他人製造任何東西，也不打算毫不吝嗇的給予他人任何東西，除非是為了換取相等價值的報酬或勞務。所以法理社會是一個競爭關係的體系，個人尋求從交換中盡量多得、盡量少給，同時學會提防他人，以免吃虧。

這種思想，影響了那些注意新大眾媒介對社會產生作用的人，正如自然科學的理論和發明，導致媒介本身的發展。當代社會學思想的累積，在媒介成為現實時，為解釋媒介的最初效用，提供了思想的基礎。

在十九世紀末期，歐洲還有兩位社會學家，對當代社會學的發展有鉅大的貢獻，並且成為大眾傳播理論研究的參據。一位是寫《社會中的分工》（*The Division of Labor in Society*）的涂爾幹（Emile Durkheim）；一位是強調「社會行動」的韋伯（Max Weber）。涂爾幹是法國人，也是一位唯實論者。他認為「社會事實」產生在人們的社會互動裡，也可能記錄在社會風俗習慣及律法裡。社會事實也是一種集體意識。

他分析社會分工的影響，認為當社會越變越複雜時，社會分子就越來越看重自己的目的和發展，而喪失與其他分子同屬一個社會的感覺。社會最後變成一群心理上孤立的個人所匯成的集合體，主要是經由契約而聯合在一起。

韋伯的社會學則包羅萬象。這位德國學者研析的社會現象包括宗教、經濟、政治、社會變遷、官僚組織等。他對「基督教倫理與資本主義的精神」分析，更是經典之作。他特別強

調社會行動。認為人的行動可能是有意義的或有目的的理性行為；這些理性行為可能是價值取向的；也可能是基於傳統的行為，或由情感的動機出發的。

韋伯的社會學與斯賓塞、涂爾幹等人的最大不同，就在於韋伯強調社會行動的個人主觀意識，而斯賓塞與涂爾幹則將重點放在社會結構上。韋伯的社會學對後來美國的功能學派大師派深思（Talcott Parsons）的影響很大，也因此影響了整個美國社會學界，影響了傳播理論的研究。

總而言之，在十九世紀末期，學者們對社會本質的假定大致相同，而形成了社會學的初期理論，相信在工業革命後的世界，社會分子的異質性增加，社會透過非正式手段以有效控制其成員的能力在消退，個人對社會的認同日益減弱，片斷的社會契約關係逐漸盛行，人類心理上的孤立感大增，價值取向的理性行為日益升高。所謂「大眾社會」中，個人處於心理上的孤立，個人與個人間的聯繫鬆懈，個人與個人間的作用是「非親身性的」（impersonal）。布魯姆和塞爾茲尼克（Leonard Broom and Philip Selznick）把這種大眾社會的性質說得最透澈了：

「現代社會由大眾組成，其意義是『出現了大量隔絕疏離的個人，他們以各種各樣的專業方式相互依賴，但缺少中心統一的價值觀和目的。』傳統聯繫的削弱、理性的增長、以及分工、創造了由鬆散的個人組成的社會。在這個意義上，『大眾』一詞的含義更接近一個聚合體，而不是一個組織嚴密的社會團體。」

2. 科學心理學的應用

正當社會學的理論逐漸發展之際，關於人們心理性質的心理學也在並行發展。而在十九世紀末葉與二十世紀初期，「本能」心理學說的理論，占有很大的力量。也就是說，當時有很多學者認為，人們的行為大都是基因遺傳的產物。行為原因，要在生理結構中找尋，這對早期大眾傳播效果的解釋，有重大意義。而科學心理學的發展，對大眾傳播效果的解釋，影響更大。

科學心理學的起源，可以說是從英國生物學家達爾文（Charles Darwin, 1809～1882）創立進化論之後開始的。1859 年達爾文發表了他的名著《物種源始》（*The Origin of Species*），開啟了個體適應環境生存發展的心理學觀念，同時也帶動心理學上遺傳與環境對個體行為影響的探討。

較達爾文稍晚的德國學者馮德（Wilhelm Wundt），開創了生理心理學，並於 1879 年在萊比錫創設了第一個心理實驗室，實驗心理學於是正式誕生。當時馮德及其弟子所從事的研究，以各種感覺（特別是視覺）的測量與分析為主，亦兼及注意、情緒、記憶及反應時間等問題。馮德認為，經由內省法，可以將意識分析成若干精神或心理元素。他的觀念為其美籍弟子鐵欽納（E.B. Titchener）所繼承，並在美國發揚光大，終而形成所謂結構心理學或結構論（Structuralism），且在 1910 年前後盛行一時。

結構論的發展，對初期大眾傳播研究有重大的影響。但當時不少學者對於結構論不以為然，紛紛提出新的觀念，予以批駁，形成了百家爭鳴的熱烈景象。其中尤以功能論（Functionalism）、行 為 論（Behaviorism）、完 形 心 理 學（Gestalt psychology）及心理分析論（psychoanalysis）四個學派最為著名。

——**功能論**：功能論或稱功能學派，乃是杜威（J. Dewey, 1859～1952）所創立，並由安哲爾（J. R. Angell, 1869～1949）發揚光大。這個學派一方面不滿於內省心理學家對精神元素的機械分析，另一方面又受達爾文學說的影響，而主張各種意識活動皆有其功能，個體在環境中能適應生存，必須靠意識活動而產生的功能。因此，「心之功能」遠比「心之結構」重要。功能論者把心理學的領域擴大了，除了研究意識之外，兼及外顯的活動。所以也兼及動機與目標的研究，以及與個體適應有關的能力與能量等問題。於是學習歷程也就成了功能論者研究的主題之一。

功能論只是一種研究心理學的態度，本身並不是一種嚴謹的理論體系。所以自行為論興起後，功能論即自行消失，不過其態度與精神，卻深入了美國心理學術界的每個角落。

——**行為論**：行為論或稱行為學派，乃是美國人華森（J. B. Watson, 1878～1958）於 1913 年前後所創立。他早期的研究偏重於動物及嬰兒的行為，所以揚棄了結構論者慣用的內省法，亦即揚棄意識而專門從事行為的研究。

華森將行為分為兩大類：一是外顯行為（Explicit Behavior）；一是內隱行為（Implicit Behavior）。外顯行為是可由別人觀測的一切活動，如走路、說話、寫字等均屬之；內隱行為是不易為他人所觀察的，但卻可用儀器加以觀察或測量的個體活動。如腺體分泌、神經變化、臟器活動等均屬之。他用內隱行為來解釋很多通常不為他人所察覺的心理歷程。

　　華森的行為論，深受當時俄國生理學家巴夫洛夫（Ivan P. Pavlov, 1849～1936）制約反應的學習原理，以及物理科學嚴密的實驗方法的影響。華森認為，構成行為的基礎是個體反應，而某種反應的形成是經由制約學習的歷程；個體的行為不是生而具有的，不是遺傳的，而是在他生活環境中學習得來的。

　　行為論問世後，不久即風行全美，到了 1920 年前後，幾乎大多數美國的心理學者都變成這種理論的支持者。可是等到心理學的領域迅速擴大，心理學的知識和方法迅速進步之後，學者們對這種極端行為論的熱忱便逐漸消失了。所以行為論發展到三〇年代，方向有了改變，不再堅持行為只限於可觀察測量的反應，也不再堅持刺激反應之間新關係的建立，是唯一使行為建立與改變的歷程。因而有「新行為論」或「新行為學派」的產生。新行為論主要是受完形心理學的影響。

　　——完形心理學：完形心理學或稱完形學派，在結構論的發源地德國興起，二次大戰期間移轉到美國。這一學派是由德國學者魏德默（N. Wertheimer, 1880～1943）、柯夫卡（K. Koffka, 1886～1941）與庫勒（W. Kohler, 1887～1967）等人於 1912 年左右創立。他們不僅反對結構論者的心理元素觀，也不同意行為論者的刺激反應分析觀，而認為任何經驗或行為的本身都是不可分解的，每一經驗活動都有它的整體型態。整體的型態及屬性，並不等於各部分的總和。

　　完形學派對內省法與觀察法兼容並用，在研究題材上，以知覺為主，而後擴及學習、思考與解決問題等複雜行為。在這個學派中，場域理論（Field Theory）的創始人魯溫（K. Lewin, 1890～1947），則以研究人類的動機及社會行為為主

題而終其一生。由於完形心理學派強調「全體」及重視「組織」的基本觀念，對於美國傳統的極端行為論，無形中產生了一種匡正和補充作用。

——**心理分析論**：正當二十世紀之初，歐美心理學家們百家爭鳴之際，奧國維也納的精神科醫生佛洛伊德（Sigmund Freud, 1859～1939）領導的「心理分析論」，於 1900 年左右異軍突起。他的理論根據並非來自實驗，而是來自對病患者的臨床觀察。在研究題材上，他不但不放棄意識，而且特別重視潛意識的研究。他認為個人有很多不為社會所接受的慾望（或稱動機），常因受個人有意無意的壓抑而由意識狀態轉為潛意識狀態。此後當事人對這些壓抑後潛意識慾望不再知覺，但卻仍能更有力的影響個人的行為。有時潛意識的慾望或動機會經由做夢、創作、失言、溜筆、怪癖及心理疾病等途徑表露出來。

佛洛伊德不但研究個人當時的行為，而且追溯他過去的歷史，以探求目前行為構成的原因；同時特別強調人類本能對以後行為發展的重要性。所謂「人不是自己的主人」，正是這個道理。他又把性的衝動視為人類的主要本能。

以上這些學派都發軔於二十世紀之初，彼此對立，延續了二十多年，至四十年代以後，對立的局面才逐漸消失，彼此相互補益匡正，而形成了現代科學的心理學。

3. 「心像理論」的提出

基本上，大眾傳播理論的研究，初期是建構在「大眾社會」與「本能心理系統」的觀念下形成的。早在十九世紀末葉

與二十世紀初期，新聞學者們如布萊士（James Bryce）和李普曼（Walter Lipmann），就已特別強調傳播媒介的心理與社會效果。西方國家也認為大眾傳播事業是行政、立法、司法三權之外的第四權，亦即第四階層，也是參與政治決策者。其所以如此，就是因為傳播媒介的影響力，可以形成公眾意見，不能忽視的緣故。1922 年，李普曼出版了他的名著《民意》一書，可以說是這個理論的開山巨著，學者們稱之為「心像理論」。

李普曼在《民意》一書的第一章，標題為〈外在世界與我們腦中的圖象〉（The world Outside and the pictures in our Heads），意即媒介把「外在的世界」化為人們「腦中的圖象」。他以為，在建構我們對公共事務的印象方面，大眾傳播媒介有其支配性。我們每一個人都需要熟悉自己所處的環境，包括實體的和心理的。但是現在已不是只靠個人的耳目就可以監視環境的時代了。在我們耳目所能達到的有效範圍之外，隨時有許多會影響人們生活的事情發生，大眾媒介的出現，延伸了人們的耳目。因此大部分人對於世界和社會環境所發生的事情，是透過傳播媒介來瞭解的。個人所接觸到的大多是二手資料，並非事實本身。尤其是有關政治、經濟、全國性和世界性的事務，往往是經過媒介的選擇、過濾和濃縮，才傳送出現於人們的眼前，形成所謂的「假環境」（Pseudo-environment）。這個看起來像真實的假環境，影響到我們的認知及其後果。所以大眾媒介在日常生活中扮演著重要的角色，它聯絡外在世界與我們腦中的世界。

李普曼強調，個人在處理或吸收新資訊時，一定要參考及核對由媒介訊息所建構的「心像」。他把這種現象稱做塑型

作用（Stereotyping）。易言之，媒介訊息對人們具有塑型作用。

　　當時的社會學家與心理學家們相信，自工業革命之後，社會分子的歧異性與個別性增長，社會透過非正式手段以有效控制其分子的能力衰退，個人對社會的認同性日益減弱，片段的社會契約關係逐漸盛行，人類心理上的孤立感大增。個人與個人之間的相互作用是「非親身性的」；個人與個人之間的聯繫是相當鬆懈的，無法形成強固的凝聚體。

　　在第一次世界大戰時，「大眾社會」的理論曾得到一個考驗的機會。對於主要交戰國而言，這是人類有史以來第一次真正的全民戰爭，全國必須動員起來，國家資源必須統合分配，個人的利益必須犧牲，民心士氣必須維持在一個很高的水準。除了組織動員以外，大眾傳播媒介更扮演著提供資訊、溝通協調、布達決策、教育知識與技術的功能，並以宣傳提振己方的士氣，消解敵人的聲勢，甚至製造謠言、扭曲事實，以爭取戰爭的勝利。

　　暴行新聞是英國宣傳中的拿手好戲，大部分都被公眾信以為真。1917 年春天，英國情報部處理下列的資訊，就是一個典型的例子：

　　查特里准將正在比較兩張從德兵身上搜得的照片，第一張是運德軍屍體到後方埋葬的情形，第二張是顯示一批馬屍被運往工廠作為製造肥料和油脂的原料。查特理准將靈機一動，為德兵屍體照片換了的個標題。……把「德軍屍體被運往肥料工廠」的標題貼在德兵照片下面。二十四小時之內這張照片，便包進了寄往上海的郵袋中。

　　查特里准將把這照片寄往中國以激起反德興論。中國人

尊敬死者達於崇拜程度，這張照片指德國人如此褻瀆死者，是中國對德國宣戰的原因之一。

4.「魔彈說」的威力

這個例子和其所斷言的宣傳效果，似乎說明了當時宣傳人員對大眾傳播的過程和效果的假定。這種簡單的理論是和「大眾社會」的觀念相符合的。理論的要點是，認為妥善設計的刺激（stimulus），可以透過媒介而傳達於大眾社會的每一分子，而且每一分子將以與其他分子相同的方式來理解（percieve）這一刺激，進而發出大致相同的反應（response）。第一次世界大戰後，一般學者對大眾傳播媒介的力量似乎都有這種信念，大眾媒體被認為能夠形成公眾意見（Public opinion），傳播者可隨心所欲左右大眾的觀點。政治科學家拉斯威爾（Harold D. Lasswell）研究戰時宣傳後，對大眾媒介在大眾社會中的任務獲得下列結論：

「……宣傳是現代世界最有力的工具之一。它已躍升到今日的重要地位，使社會本質轉變為新的環境。原始小部落能用擊鼓和跳舞的狂暴旋律，把不同的分子熔合成一個作戰的整體……在大眾社會中再也無法把飄浮的個人化入戰爭的熔爐，必須要有一種較新和較巧妙的工具，來把幾萬甚至幾百萬、幾千萬人結成一個懷著憎恨和願望的群體……這一社會團結新工具的名稱就是宣傳。」

這項有關大眾傳播的基本理論，是假定任何刺激即可直接引起反應，它涉及社會組織的觀念，也涉及到受大眾媒介刺激並作反應的人類的心理結構。後來演進而成較新理論，是從這

個理論出發一再修改而成的。當關於人的本質以及社會的本質的新觀念出現，學者們認定在刺激與反應之間存在著一些影響因素，在其間發生干預作用，乃把初期理論加以修改。

上述對大眾傳播效果的初步假定，狄福樓（Melvin L. De Fleur）稱之為「機械論的刺激與反應理論」（mechanistic S-R theory），因為這理論一方面受到十九世紀及其末期關於社會本質的學說的影響，一方面也受到二十世紀初期頗帶機械色彩的「本能」心理學的影響。

心理學上的「本能」學說認為，一個人的行為相當地受到他天生的生物的機械作用影響，而每個人天生所獲得的這種「本能」大致是相同的，本能的機械作用於一個人面臨著某一刺激，採取某種方式來作反應時，供應動機和能力。每個人的「本能」不只是相同的，而且是感情的，非理性的。

根據這種學說推論，現代社會中的大眾傳播自然具有強大的力量。因為大眾媒介是對社會大眾發出大量的刺激，這些刺激會對每個人激起自己很難控制的衝動與感情，由於「本能」作用，每個人的反應大致相同。再由於個人處在大眾社會，心理上是孤立的，沒有強力的社會聯繫來阻止上述過程，結果大眾中的分子很容易受到大眾媒介的影響，如果媒介利用感情來煽動，影響就更大。

第一次世界大戰的宣傳效果似乎證實了這一理論，當時大規模商業廣告的出現，似乎曾勸服消費者增加購買，更使人對大眾媒介的效力堅信不渝。所以當時的新聞界及學術界，把這種媒介強而有力的效果，稱為「魔彈說」或「魔彈理論」，認為媒介會有立即而明顯的效果。

但是宣傳和廣告發生效果，因素很多，只憑機械論的

「刺激與反應」學說，不足以解釋全盤現象。大眾媒介被用來宣傳也有很多失敗的例子。於是新的觀念、新的理論不斷的經過研究、實驗而被提出來了。

隨著心理學上行為主義的興起和發展，以學習理論為基礎的大眾傳播效果的觀念，對於「說服程序」的研究，產生了重大的影響。所謂說服，就是用信息來改變一個人的態度和心理作為，進而依照傳播者的建議，以外在的行動來作反應。此即認為，說服的關鍵在於改變一個人的內在心理結構，以形成態度的改變，而導致此人採取說服者所敦促的行動。

態度概念原是第一次世界大戰後由社會學家所提出，認為這是「一種決定個人在社會中真正活動或可能活動的個人意識過程」，亦即「後天學來的傾向」，在影響行為中起有力的作用。態度概念很快的就成為心理學最基本和中心的理論。在二〇年代，由於幾種衡量態度的複雜數學技術的發明，態度概念對社會心理學的意義更顯得重要。

5. 媒介真那麼有效嗎？

正因為當時認為態度影響行為，所以傳播學者們假定，如果能夠通過說服性的信息改變接受者的態度，他們的外在行為必會相應改變，所以從三〇年代到六〇年代期間，不少學者致力於說服研究的工作。像耶魯大學教授賀夫蘭（carl I. Hovland）領導下的「傳播與態度變遷研究計劃」，就曾完成了一套對說服理論很大貢獻的著作。

不少實驗已被用來支持這種說服過程的模式。更有學者試行探究一個人的個性與「聽從性」（Persuasibility）的關

係。認為有些人的心理結構使他們容易被人說服，他們對刺激的抗拒力較普通人薄弱。不論傳播的內容和其他條件如何，都是如此。

　　說服性傳播理論的研究，雖然企圖用實驗方法來獲得結論，但是由於各種影響因素很難完全加以孤立測驗，大部分的結論不能視為定論。例如引起恐懼的傳播，其恐懼程度強弱與說服力的大小，有何種關係，就是一個顯著的例子。在 1953 年的一次研究中，詹尼斯和費希伯克（I. L. Janis and S. Feshbach）研究使用恫嚇的方法，來勸人刷牙會有什麼效果。他們用好幾種不同程度的恐嚇來進行說服，最厲害的一種是，不刷牙而牙齦爛得可怕的情形。他們發現受試者乾脆不理恐嚇，反而是恫嚇得最緩和的說法，得到最大的態度改變。他們寫成了〈Effects of Fear-Arousing Communications〉一文，說得非常詳細。但是，1966 年的一項研究，則得到相反的結論。當時美國中西部一個城市的大眾傳播媒介，曾用危言聳聽的方式，警告居民不要直接觀察（或戴太陽鏡觀察）日蝕，而要用特別的儀器或在電視上觀察。日蝕後不久所作的一次研究顯示：危言的深淺度和外在的服從有著正面關係。由上述兩個例子可以看出，即使心理結構（態度或意見）的改變，是否必然引起外在反應的改變，也難加以斷定。朱謙教授也做過一個實驗，證明一個人會不會因為受到恐嚇而去做一件事，得看這件事做起來容易到什麼程度，要是做起來相當容易又簡單，用的信息簡單又明白，那麼壓力越大，效果也跟著越大。要是做起來既困難又複雜，而其結果還在未定之天，信息的壓力太大，受方反而會拒絕。

　　大量的研究已確切無疑的表明，態度和公開行為很少完

全一致（尤其是在政治活動和私生活行為方面）。斐斯廷吉（Leon Festinger）便提出質疑，認為說明性傳播所產生的態度和意見改變，不一定導致外在行為的改變，假使要促成行為改變，可能還須先有環境的改變。

　　儘管有這種種相反結果的研究，許多傳播學者仍然固執己見，認為通過說服性的信息，而獲得的態度變化會相應的改變行為，所以自第二次世界大戰前直到六○年代，個人差異論及說服過程的效果，仍為媒介研究的主要指導論點。其基本看法是：受方心理或認知結構上的個人差異，是影響他們對媒介注意力，以及對媒介所討論問題和事物所採取行為的關鍵因素。

6. 社會分化論的衝擊

　　正當個人差異論發展之際，社會學上出現了一條新思路，對媒介研究的概念化思考，也產生了深遠的影響。其著眼點在於方興未艾的城市工業社會結構，也就是唐尼斯（Ferdinand Tonnies）所說的「法理社會」的社會結構。隨著這種社會結構以俱來的「社會分化」，對於新興的大傳眾播研究，有著重大意義。

　　所謂「社會分化」，就是社會的複雜化、多元化。隨著工業化的加速發展，自然引發了社會變化，具體表現於社會的城市化、現代化、移民、分工擴大、階層區分加劇，以及社會地位流動性增強。因為這種社會分化的結果，產生了許多同一類型的社會集團。根據「大眾社會」理論，在大眾社會中，全社會的同質性減少，而處於相同地位的人群，內在的相互凝聚

力增加，形成了具有若干相同性的「次級團體」。傳播學者根
據這一看法，假定了同一類型集團中的個人具有相同的傳播行
為。因而「類同反應亦同」理論隨告出現。例為年齡、性別、
教育程度、居住地區、所得額、宗教信仰、職業……等等，
都是可靠的線索。由此分類來推斷某一個人可能接觸某種媒
介，以及在他所接觸的媒介中選擇何種傳播內容，作出何種反
應。也就是說，屬於同一組合的分子，多少將選擇相同的傳播
內容加以注意、接觸和理解，並以大致相同的方式加以反應。
兩位著名的傳播理論學者──拉斯威爾（Harold Lasswell）和
柏勒遜（Bernard Berelson）分別提出的公式，正好說明這個
觀點。

拉斯威爾的公式是：

Who　什麼人
Says what　說什麼話
In which channel　利用什麼途徑
To whom　向什麼人
With what effects?　有什麼效果？

柏勒遜的公式是：

「關於某種問題的某種傳播，在某種情形下引起某種
的的注意後，有某種效果。」

上述拉斯威爾的公式，見之於 1948 年〈傳播的結構與功
能〉一文中。這與他於 1927 年大膽的論證《世界大戰中的宣
傳技術》一書中的結論相比較，就可以看出二十一年間大眾傳
播理論的研究發展，已呈現了極為顯著的不同。

7. 社會關係論的興起

　　大眾傳播理論的另一項重大進展，就是發現了社會關係在大眾傳播過程中所占的地位。

　　早在 1930 年代，就陸續有學者發現初級團體成員行為的影響。1940 年，在電視成為大眾媒介之前，拉查斯斐爾（Paul Lazarsfeld）、柏勒遜（Bernard Berelson）和高德（Helen Gaudet），曾精心設計了一個研究方案，來研究當時由大眾媒介報導總統競選運動對投票人的影響。他們最初感覺興趣的是，某一社會類型的成員，如何選擇選舉有關的媒介材料，以及這一媒介內容在影響他們的投票行為上起了什麼作用。

　　那次選舉時間，恰好是在美國經濟恐慌的末期及第二次世界大戰期間。美國國內還面臨著許多經濟問題，亟待設法解決。當時兩黨的總統候選人：一位是想要第三度坐上總統寶座的民主黨候選人羅斯福；一位是毫無政治經驗的共和黨候選人威爾基。羅斯福主張適度的援助英國以對抗德國，並大力推行社會福利政策，照顧勞工平民階級；威爾基則主張國家保持先照顧工商企業人士，因為如果工商界發達了，勞工平民自然受惠。這兩種意見透過傳播管道到達不同背景的投票人口後，究竟產生什麼樣的影響呢？會不會改變人們的投票行為呢？這當然是傳播學者極感興趣的問題。

　　被選定研究的地區是俄亥俄州的伊瑞縣（Eric County），時間自 1940 年的 5 月至 11 月間。這項研究發現：一、競選活動，激起了群眾意願。大量的宣傳使得原先對選舉不感興趣的人開始注意這類訊息。二、有兩類人受到大眾媒介的影

響：其一是原有潛在「預存立場」的人，大都只接觸與自己預存立場相同的訊息，大眾媒介對這項預存立場產生觸動作用，使這種隱匿的心理狀態變得明顯；其二是在競選初期已打定主意的人，他們繼續選擇符合他們決定的大眾媒介材料，而加以接觸，以加強他們的「預存立場」。三、人際間親身影響。在選舉期間，透過人際管道獲得政治訊息人，比透過大眾媒介獲得訊息的人要來得多，選舉期間有意見改變的人，多半是和親朋好友討論後的結果。四、至於個人的投票決定被大眾媒介翻改，從打算投甲黨改變為投乙黨的，則只有少數。

在競選活動期間，研究人員發現，與他人非正式談論政治的人，比直接接觸大眾媒介競選材料的人多 10 ％。這說明了「親身影響」（Personal Influence）的重要性；也說明了非正式的社會關係，對一個人就他所注意到的大眾媒介材料作何種反應，具有重大的影響。

這次研究顯示，很多人對大眾媒介材料的直接接觸是很有限的，大部分是從他人（直接在媒介中獲得資料的他人）那兒獲得有關競選的消息和評論。這表示，訊息的傳達經過兩個基本階段：一、自媒介傳到見聞較多的個人；二、自見聞較多的個人經過親身接觸，傳到比較少接觸大眾媒介的個人，這種傳播過程稱為「兩級傳播」（Two-Step Flow of Communication）

8. 兩級傳播成為典範

而那些與媒介接觸較多的人，被稱為「意見領袖」。他們不只傳遞訊息，更重要的是他們把對訊息的解釋，也傳遞給

接受訊息的人。這種親身影響，立刻被認為是大眾傳播訊息與反應之間的重要干預力量。

　　當伊瑞縣的調查研究結果還在進行之際，一些鄉村社會學者，也在調查農民是怎樣採納新技術，和新產品來提高生產效率。

　　在鄉村社會中，農場家庭與鄰居保持著強有力的社會聯繫。當外部傳來新觀念時，鄰居們的看法對於決定是否採納，會起著關鍵作用。農業技術和新產品的採用，是一項和大眾傳播密切有關的過程。這就引發了學者們研究新觀念及新事物的傳播及採納過程的興趣。「創新傳布理論」也隨之興起。事實上創新傳布理論也正是「兩級傳播」的擴大應用，對於研究社會變遷與發展，有著深遠的影響。

　　社會關係所以成為傳播者與受方的反應，二者之間的強大干預力量，是因為社會與文化因素，一方面是社會控制與個人行動制約的來源，另方面也是規範團體內部的行為準則及為個人解釋現實事實的依據。根據實驗顯示，甚至在極簡單的人群關係中，團體規範也對個人行為的導引、規範和修改有著重大的影響。而且可能與內在的「預存立場」相當的無涉。現代社會學的研究顯示：一個人的團體分子資格、工作角色、參考團體，文化規範等社會因素，能夠協助促成此人的外在行為，而不受他內在心理的「預存立場」的影響。

　　在人類社會化的過程中，社會學家庫里（charles H. Cooley）認為「初級團體」扮演著重要的角色。因為初級團體是一種緊密的社會聯繫，是人類獲得人性的根據地，也是人類學習事物，形成意見，接受傳播的極重要因素。正因為如此，團體的意識，意見和態度，往往無形中給予人壓力，個人也就有意

無意的不得不接受團體的指導，以便作為解釋及反應社會現象的參考。因此，不同的個人，隸屬於不同的小團體，接受不同的意義及社會現象，形成了不同的意見、價值觀念及接受傳播的能力與方式。來自大眾媒介或其他來源的傳播、能否打動人心，個人所屬參考團體（reference groups）似乎必須先予打動。

受訊人雖然受到社會關係的干預，但是大眾媒介也被利用來對團體中的社會文化準則作新的闡釋，而為這個團體的分子指示外在行動的新方向，以達成說服的目的。當個人對傳播企圖說服的事物沒有強烈相反的預存立場，而團體內對此事物又沒有既定的準則時，便可利用大眾媒介來進行這種方式的說服。狄福樓（Melvin L. Defleur）認為這一過程之所以可能發生，乃是因為「由大眾媒介所表達的說服性訊息，被認為是（團體）對所勸說的事物的一致意見。」並足以顯示，採納這建議的，即符合團體規範，可獲得社會報償，否則便遭社會譴責。這也許是大眾傳播較個人為優的一點。這種說服策略，為現代廣告所廣泛採用。嚴格說來，這是個人對團體的服從，而非對大眾媒介的屈服。

以社會關係為基礎的大眾傳播理論，開啟了對親身影響，兩級傳播，意見領袖，團體規範與團體功能，新事物傳布等問題的研究。所以自四〇年代至六〇年代的三十年間，「社會關係論」支配著傳播研究，成為最具影響力的典範。尤其新事物傳布過程的研究，更具劃時代的意義。因為新事物的傳布，乃是社會變遷的一個重要關鍵，也影響到一個國家與社會的發展。

大眾傳播效果的研究，從「刺激直接產生反應」理論，

到「個別差異說」、「社會分化說」，以及「社會關係說」，其間的差距，無異天壤之別，但究竟何者「正確」、何者「錯誤」呢？實在很難斷言。因為每一種傳播的情境，不一定相同；傳播的對象與內容，也不一定相同；而在實驗室中所作的研究，與實際生活的各項變數，亦不相同，以致往往產生不同的結果；這是我們必須有所體認的。

前曾提及，傳播研究由於個人差異說，社會分化說，社會關係說的發展與詮釋，以致若干大眾傳播學者們認為，傳播媒介的效果是有限的。所以在 1960 年柯列伯（Joseph Klapper）撰著《大眾傳播效果》（*The Effects of Mass Communication*）一書，最足以支持有限效果的觀點。他的結論認為，大眾媒介並非產生傳播效果的必要或充分條件。它通常只能加強或鞏固既有的態度和立場，而較少能改變它。海曼和席特斯利（Herbert Hyman and Paul Sheatsley）的論文：〈資訊活動失敗的原因〉（Some Reasons Why Information Campaigns Fail），也都強力支持這個觀點。他們以為，有關資訊活動，不能僅靠「增加資訊活動」就可以直接擴散傳布。他們指出影響效果的一些心理障礙，例如選懌性暴露、選擇性理解和選擇性記憶，有些難以觸及的受眾是「慢性的無知」；等到鮑爾（R. Bauer）於 1964 年發表他的題為〈頑固的受眾〉（The Obstinate Audience）一文後，有限效果說的支持者，更是意興風發，不可一世。

大眾媒介的傳播效果，真的是那麼有限嗎？隨著研究的發展，學者們再度提出了質疑。從 1960 年代到 1970 年代，新的觀點又產生了。代表這種思想的論文是孟德森（Harold Mendelson）的〈資訊宣傳成功的理由〉（Some Reasons why

Information campaigns Can Succeed, 1973）。他以為，傳播活動只要經過妥善的規劃設計，遵循某些傳播策略，還是會成功的。更何況，1970 年代的研究之一是「時間取代」（time-displacement）取向。研究發現，美國家庭平均一天要花七小時看電視，若說它的影響效果有限，誰能相信？所以學者們重新檢討媒介的影響力。認為有限效果說不能真正了解大眾傳播的威力。尤有進者，自 1950 年起盛行的電視，更展現了非常的魅力，對社會生活產生了前所未有的影響。德國傳播學者諾爾紐曼（Elisabeth Noelle-Neumann）指出：有限效果說並不能真正證明傳播的力量有限，恐怕是由於傳播研究者所使用的理論與研究方法過於有限，才導致我們對傳播力量的認識不清。他甚至大聲疾呼：「回到強大的大眾媒介觀念。」（Return to the concept of powerful Mass Media, 1973）他主張大眾媒介效果需要實驗室情境外面多做長期研究。

9. 議題設定建構環境

所以在 1970 年代，又有「議題設定」（Agenda-setting）理論的興起。議題設定理論的研究強調：傳播媒介的效果，不在於改變個人的態度與行為，而在於為人們建構社會環境。

議題設定理論學者認為：人們從傳播媒介學到實際的知識，也從傳播媒介所強調的議題和主題，知道事件的重要性程度。他們把傳播媒介在個人之間影響認知改變的功能，稱之為「議題設定功能」。這也許是傳播媒介最重要的功能之一。

議題設定功能的理論，最初由柯恩（Bernard C. Cohen）提出，而經馬堪與蕭二人（Maxwell E.Mc Combs and Donald

L. Shaw, 1972）予以證實支持。早在十九世紀末與二十世紀初，新聞學者們就已特別強調傳播媒介的心理與社會效果。西方國家也認為大眾傳播事業是行政、立法、司法三權之外的第四權，亦即第四階層，也是參與政治決策者。其所以如此，就是因為傳播媒介的影響力，可以形成公眾意見，不能忽視的緣故。1922 年李普曼出版了他的名著《民意》一書，學者們稱之為「心像理論」。他在書中第一章，標題即為〈外在世界與我們腦中的圖象〉（The world Outside and the pictures in our Heads），意即媒介把「外在的世界」化為人們「腦中的圖象」。李普曼強調，個人在處理或吸收新資訊時，一定要參考及核對由媒介訊息所建構的「心像」。他把這種現象稱做塑型作用（Stereotyping）。易言之，媒介訊息對人們具有塑型作用。

　　事實上，與李普曼的「心像理論」相互呼應的，還有米德的「形象互動論」與凱利的「個人建構論」。米德將個人的心靈劃分為兩部分：一是感受外界刺激的個體，當感受刺激之後，遂向心靈的另一部分「受我」（Me）傳達，解釋外界刺激的意義及目的。透過自我對話（思考），闡釋外界刺激意義之後，乃產生對應的行為。如果外界的刺激沒有透過個人自我反省的過程，不會對個人發生作用，個人也不會產生反應。

　　在米德看來，人類的互動，是藉著形象（Symbol）來表達的，語言、文字、符號、手勢等都是形象。有了這些，人類社會才能互動。人們的思想、觀察、測聽、行動等都是經由形象來表達。個人經由形象的互動，才能將外界的情境構成主觀意義。（詳見〈傳播學的十大宗師〉米德部分）

　　而凱利的「個人建構論」也強調，人對環境有主動「形

成觀念」的能力，而不僅在對環境作出反應。正如科學家能對現象發展多種理論假設一樣。個人也能對環境解釋、再解釋，人生是對外在世界形成概念或建構，使人不斷的造就自己。人是以主動，創造的方法去認知其周遭環境，而不是被動的。

個人以什麼方式來對所處環境產生「認知建構」呢？凱利以為，就是以一種系統或組型（Pattern），來詮釋並組織構成我們世界的事件和社會關係。基於這樣的組型，來預測他人、事件和自己。我們用這些預測來構築自己的反應和指導行為。因此，「組型」即是我們組織或建構世界的方式。（詳見〈心像與個人建構論〉一文）

凡此都說明了，他們理論的相近之處。

對於李普曼的「心像理論」，鮑定（Venneth Boulding）又作了進一步的詮釋。鮑定提出了「知識有機論」（The Organic Theory of Knowledge, 1958）。他以為，影響人們思維的重要「感知」（Perception），同時來自內心和外在世界，個人體驗事物的純效果，取決於他的「心像」，而影響一個人「心像」的經驗內容，就是「訊息」（Messages）。心像的形成，受參考架構、價值觀念、期望、以及信仰等因素的影響。受者一方面以心像為標準，來解釋和組織一切訊息；一方面以新訊息來重組或維持心像，故心像是動的。

心像受到訊息的衝擊時，會產生四種現象：即維持（Maintenance of the image）、附加（addition）、澄清（clarification）和重組（reorganization）。

所謂心像的維持，就是媒介傳播的訊息，意味著某一外在環境依然如故，無須改變針對這一環境所造成的心像。這並非表示媒介訊息沒有效果，而是不必重造對外在環境所已形成

的心像而已。

　　所謂附加，是指獲得新知識及擴大了原有的知識。過去
因為缺乏較充分的訊息，尚未形成一種完整的心像，如今因為
獲得了新知識，與原來的心像並不衝突，不必修正，但是擴充
了原有心像範疇，而更趨於完整。

　　所謂澄清，是指原有的心像模糊不清，或不穩定，獲得
某一訊息，產生了更清晰和更穩定的心像。

　　所謂重組，是指受方接到某一訊息後，發現某一外在環
境已經改變，或者新的訊息使他相信，過去對此一外在環境所
產生的心像是不正確的，必須改變原有的心像，也就是重組對
這一外在環境的新心像。

　　柏格和陸克曼（Peter L. Berger and Thomas Luckman）在
《社會現實的建構》（*The Social Construction of Reality,*
1966）一書中，對於上述概念也提出了闡釋。他們指出：
「符號的社會現實」（指「媒介現實」）、「客觀的社會現
實」、和「主觀的社會現實」具有互動的關係。「客觀的社
會現實」與「符號的社會現象」，形成了「個人意識」，亦
即構成了「主觀的社會現實」。所以媒介所建構的社會現實，
會影響受眾的主觀現實是可以肯定的。現代社會許多人都無法
親身參與許多社會事象，接觸不到客觀的社會現實，因而必須
透過媒介做替代參與。所以在許多地方，媒介是在替受眾建構
社會現實。這也就是「議題設定」理論興起的原因。

　　葛伯納（J. Gerbner）自 1967 年起，以十多年的時間研究
電視節目對於受眾的影響，也發展出了「涵化理論」。涵化理
論就是在探討「客觀現實」、「主觀現實」與「媒介現實」
的互動過程。就社會行動者——人來說，他在社會現實建構

過程中，具有雙重角色。一方面是創造者，同時又是受制者。社會協助塑造意識，個人也集體的建構社會現實。而這是同時進行的過程。個人將自身及主觀的意義，經驗與行為，予以客觀化及具體化。個人行動於一個符號的情境架構中，傳播所產生的作用是涵化、保存、支持與維繫；文化的訊息系統，不斷的進行選擇，解釋及塑造個人與團體的形象，因此不僅是在「告知」，而且是在形成共同的心像。它雖然提供的是有限的情況訊息，但卻是一種替代性的全面圖像。

正因為如此，所以現在學者們大都認為現實的意義和解釋，是社會建構的。人們日益發展著由媒介轉述的世界，而不是社會現實本身。我們所瞭解的正是媒介建構的社會現實，我們的人生觀、社會觀、及世界觀，大都由此而來。

總之，媒介訊息，可以透過心像的過程，影響界定或修改個人的價值觀念和行為，這是媒介長期的、隱含的效果。

10. 媒介系統依賴論

針對上述種種傳播效果理論，1989 年，狄福樓（M. De-Fleur）提出了「媒介系統依賴論」。他指出「媒介系統依賴論」的一個主要目標，就是要解釋為什麼大眾傳播有時具有強大的直接效力，而有時又只有間接的和相當微弱的效力。他強調這是一種「生態」理論——它注重小型、中型和大型系統之間的關係和它們各組成部分之間的關係。「生態論」把社會看做有機的結構：它觀察微觀（小型）和宏觀（大型）系統的各個部分，怎樣相互發生關係，然後試圖依據這些關係來解釋各個部分的行為。媒介系統被設想為現代社會結構的一個重要

部分，與個人、群體、組織和其他社會系統都有關係。這些關係也許是充滿衝突，也許是合作性的，也許是能動的和不斷變化的，也許是穩定的和有秩序的。它們從直接到間接、從有力到微弱，效力不等。不管這種關係具有哪些特點，媒介承擔著解釋的作用。

　　媒介依賴關係，一方面在於目標，另一方面也在於資源。生活在一個社會的部分意義，就在於個人、群體或系統控制的資源，反之亦然。媒介系統被看做是一個訊息系統，它控制著其他方面要達到目標就必須掌握的三種「形成依賴關係」的信息資源。第一種是收集或創造信息的資源；第二種是信息處理的資源；第三種是信息傳布的資源，即把信息傳送到廣大受眾的能力。所有訊息都有影響人們的思想、感覺和行為的潛力，包括娛樂訊息在內。

　　媒介系統的效力，在於它控制著個人，群體、組織、社會系統和整個社會為達到其目標所依靠的珍貴訊息資源。這種依賴關係不是單向的。效力不僅涉及其他方面怎樣依靠媒介資源以達到目標，而且涉及媒介系統怎樣依靠其他方面所控制的資源。媒介系統也有自己的目標，為了達到這些目標，它必須能夠得到許多方面的資源，而不只是自己控制的資源。

　　總的來說，狄福樓設想媒介系統與另一個社會系統相對的效力程度（不管那個系統是政治的、經濟的、宗教的、家庭的、教育的、軍事的、娛樂的還是法律的），都是每一系統的資源分布和依賴關係的產物，亦即結構依賴關係。

　　這與結構功能學派大師派深思的理論，可謂後先輝映（詳見〈派深思與狄福樓〉一文）。

　　依照狄福樓的看法，媒介所產生的具體社會作用，在各

個社會有所不同，因為媒介系統在不同社會具有不同的生態依
賴關係。同樣的，隨著媒介系統本身進化到複雜的形式，它也
必然建立新的關係，這對於它自身的利益和生存是不可或缺
的。

11. 訊息處理系統出爐

正當傳播理論結合心理學與社會學，大步向前邁進之
際，美國心理學家與電腦科學家賽蒙（Herbert A. Simon,
1916～）和紐厄爾（Alan Newell, 1927～），在 1950 年代共
同創建了訊息處理心理學。他們把人腦和電腦都看作是處理符
號的物理機構。人腦的活動與電腦的訊息處理功能都是符號操
作過程。他們指出，訊息處理系統應是由感受器、反應器、記
憶和處理器等四部分構成。感受器接收外界訊息；反應器作出
反應；記憶可儲存和提取作為外部事物內部表徵的符號結構；
處理器則包括三個要素：即一組基本訊息過程、短時記憶，解
說器。訊息處理系統的上述功能，也可概括為輸入、輸出、儲
存、複製、建立符號結構和條件性遷移。這一理論開闢了從訊
息處理觀點研究人類的思維取向，推動了認知科學和人工智慧
的發展。賽蒙與紐厄爾合著的《人類問題的解決》，是這一
領域的代表作。

也因為這一科學創新，帶領傳播研究邁向新的境界。而
其後的發展，更是轟轟發發，由於電腦與網際網路的使用，改
變了整個人類的生活型態。（詳見〈賽蒙與訊息處理〉）

大眾傳播理論的研究發展至此，誠如狄福樓（M. De-
Fleur）所說的：「並不患於理論解釋的不足，而是患於豐富

的理論困惑。」如果斷言一種理論是「正確」或「完整」的，而其他理論全然「錯誤」或應當「放棄」，那將是不合邏輯和草率的。我們還需要匯集大量的，有根據的研究成果，才能認定什麼是「最佳」的理論。事實上，我們也許還要很長的時間，才能找出一種像物理學上愛因斯坦的相對論那樣，能歸納綜合各種相互競爭觀念的大眾傳播學的普遍理論。

根據已有的傳播研究顯示；無論是「刺激直接產生反應」理論、「個別差異說」、「社會分化說」、「社會關係說」、「創新傳布說」、「議題設定理論」、「心像理論」、「媒介系統依賴論」、以及「訊息處理系統」。很多學者認為，傳播媒介可以用來協助國家發展或推動現代化。

12. 國家發展理論

有關國家發展理論，歷來政治學家、經濟學家、社會學家、歷史學家，已經作了很多的研究和闡釋。而大眾傳播之應用於國家發展理論上，乃是近五十年來的事。

先是，二十世紀開始以來，隨著社會學、人類學的發展，文化形態學的理論也在西方史學界興起，使學術界呈現著空前未有的璀璨繽紛景象。其中特別引人注目的，當推史賓格勒（Oswald Spengler）的名著《西方之沒落》（*The Decline of the West*）與湯恩比（Arnold J. Toynbee）的巨構《歷史研究》（*A Study of History*）的問世，直有俯視太虛，傲視寰宇之概。

《西方之沒落》一書醞釀於 1911 年。1914 年 6 月 28 日，當奧國太子斐迪南（Francis Ferdinand）夫婦在波希尼亞首府

薩瓦耶佛（Sarajevo）被南斯拉夫人槍殺時，該書初稿完成。薩瓦耶佛槍殺事件導致世界歷史進入一個新的世代。書中，史賓格勒對於世界歷史走入這個新時代的種種發展，作了一番預測。他所作的預測中，有許多竟一一實現，令人驚訝不已。第一次世界大戰時，他修訂此書。1918 年夏天，這書第一冊出現在戰後破碎的德國和奧匈帝國的書店中。這書的名字是很富啟示性的，許多人認為這部書是歐洲人所遭受之命運的棒喝。對於戰敗國家發生巨大的影響，至於戰勝國呢？也同樣引起深刻的印象。

　　史賓格勒認為，歷史是一系列他稱作「自足的文化單位」的連續過程，文化存在的目的，是在將其特性發揮在生活、歷史發展的各個細節上，各文化的共同點是：有某種類似有機物的生命週期。最初是初民社會，接著發展出政治機構、藝術、知識等等。文化一開始時，表現出拙樸、草創的形態，接著進入古典盛期，然後僵化衰頹，最後沒落成另一種蠻荒狀態。此時，商業化、庸俗化的氣息瀰漫、文化的生命也就此終止。這種衰頹的狀態不能滋生新的事物，文化就死亡了，它的創造力也就枯竭了。進一步，不僅循環的方式早已確定，連每一階段發生的時間也已確定，因此若能找出我們所處時代是在文化週期的那一點上，我們就能預知未來是什麼情況。

　　總而言之，史賓格勒把文明的誕生、成長、衰竭和死亡，看成如同自然界的一切力量一樣，也遵行著一個共同的模式。他用幾百個例子作為他比較研究的材料，所得的結果，有的出人意表，有的近乎荒唐。史賓格勒用這種辦法建立起他所謂的「文化形態學」，亦即關於文明的生長和死亡之學。

　　有人批評史賓格勒是悲觀主義者。但他在《西方之沒

落》序言曾強調：他乃是「先天下之憂而憂」，言人之所未
能言，憂人之所未能憂。他認為文明的危機都是因為人役於
物，唯物主義泛濫，所以必須從內心深處作一種宗教熱誠，慨
然以時代文化為己任，才能把呆滯的文化生機，從寒冬重新帶
回春天。這種源於憂患意識所產生的覺醒，與中國哲學有頗多
相通之處，更是當今拯救時病的不二法門。

13. 文明發展綱領

　　史賓格勒巨著問世後的二十年，在英倫海峽那邊，出了
一位偉大的歷史哲學家，他就是湯恩比（Arnold J. Toyn-
bee）。他的史學成就，比史賓格勒更偉大。他也探求文明的
生長與死亡的法則。他的方法與史賓格勒不同，民族背景和看
法也各異。縱然如此，湯恩比也是看出不同的文明發展出某種
相似之處，湯恩比的大著《歷史研究》（*A Study of History*）
識見淵博、材料豐富，他也建立了一個與史賓格勒大致不差的
文明發展綱領。

　　湯恩比在自序中說道：從 1920 年至 1972 年，他一直在寫
作這本《歷史研究》。1920 年夏天，他試寫初步的草稿，然
而未能成功。1921 年的夏天，在土耳其伊斯坦堡與法國加萊
港之間的火車上，他記下了該書各部的大綱。從 1927 年到
1939 年，他在即將來臨的第二次世界大戰前趕寫此書，前六
冊《歷史研究》的最後一本，恰在大戰爆發前三天出版。
1954 年他又出了第七冊至第十冊，1959 年出了第十一冊，
1961 年出了第十二冊《再考慮》（*Reconsideration*）。

　　湯恩比把他所知道的一切文明，分成三十種。在這三十

種中，有二十一種得到充分的發展；有五種未曾成熟便停滯下來。這五種文明叫做「抑制的文明」。其他四種文明，剛生長出來就死亡了，這四種文明叫做「流產的文明」。

在二十一種已經充分成長的文明中，有七種依然存在於現有的社會之中，這七種文明即是：印度、伊斯蘭、遠東、拜占廷或東南歐的基督正教，由這一文明所衍生出來的俄國文明，以及西歐文明。在這幾種文明之前而已死亡的文明有：埃及文明、安帝亞文明、古代中國文明、米挪文明、蘇默文明、馬雅文明、猶加登文明、墨西哥文明、希提文明、敘利亞文明、巴比倫文明、伊朗文明、阿拉伯文明以及希臘文明。

他認為在歷史發展的主要變動中，有一個基本的主調，就是歷史發展中恆常的節奏，運動的升沉，文明變化之曲線的擺動。而其表現的主要形式是：「挑戰和反應」。

在挑戰和反應發展的歷程中，社會不斷面臨種種挑戰，好的光景受到威脅，甚至生存也受到威脅。際此時機，這個社會如何反應，便可決定其未來；如果反應適當，那麼這個社會因其反應成功時所增加的內外力量之作用而繼續壯大起來。如其不然，則此社會便失去其內在的價值，或失去外在的尊嚴，或失去物質生活方面的福利，也許，這個社會將因此而告消滅。

湯恩比的「文化形態學」，最初主要是以希臘文明的發展模式為基礎，從政治史、社會史、經濟史與宗教史的比較研究中，樹立起他自己的文明發展統緒與歷史哲學架構。然而在進一步的思考與反省之後，他發現僅有希臘模式遠不足以涵蓋整個人類文明的型態，必須再加上「中國模式」及「猶太模式」。

　　在《歷史研究》的第十二冊《再考慮》中，湯恩比詳細陳述「中國模式」與「猶太模式」的特色與功能，然後在「歷史研究」的圖解縮節本中，正式應用了這兩個模式。他指出：希臘模式極能符合各大文明的早期歷史，中國模式極能符合各大文明的後期階段。故而將中國模式的中後期，與希臘模式的前期結合起來，便能建立一個頗為通用的複合模式。因為「在希臘模式中，我們看到進入文明中的人類，利用一種各地極端分裂與獨立的城邦體制，而追求他們創造潛力的發皇。在中國模式中，我們看到在文化上自成一系的中國，於大一統的國家建立之後，為了保持這種統一，而竭力以赴的情形，甚至在它每次瓦解之後，猶不斷為了恢復一統而奮鬥」。

　　至於猶太模式，則代表了「寄居」社群的生活樣態。猶太人很早便失去了自己的邦國，後來能夠成為帝國的建立者，但卻以在沒有國家，甚至沒有故鄉的情形下，保存了民族的統一和認同，這是極富啟發性的。因為未來的人類社會，由於交通發達、生活繁忙，勢必由原以領土或民族為基礎的團體，逐漸轉變為以文化或職業為基礎的團體。社會型態轉變為「寄居社群」之後，個人自然也變為文化上的「寄居」者，於是認同的問題便十分嚴重，而猶太模式恰好提供了歷史的例證。

14. 創造力：挑戰與反應

　　一個個的文明興起，一個個的文明沒落，花開花謝、燕去燕來，人類的故事是否亘古不變，湯恩比的答案是否定的。他不認為歷史是循迴的重複，他堅信人類有「自由」的意志，在歷史演進的過程中，有「類型」的因素，也有「自由」的因

素。在預測文明的命運時，這兩種因素都必須被加以考慮。換句話說，文明的命運，「挑戰與反應」的調適是否得宜，乃是其中的重要關鍵。基於這一信念，湯恩比認為現存的文明雖在重重危機之中，還有獲得救贖的機會，人類將往何處去？端看人類自己的抉擇與表現，所以，「文明在考驗之中」。

　　無論是史賓格勒或湯恩比，他們都說明末期的特徵是：大擾亂時代，有大規模的戰爭，勝利者安排普遍的和平及締造普遍國家；獨裁者興起，煽動者興起，軍閥興起；社會創造力消失；社會風格消失；痛苦與疲憊的群眾在世界和平與宗教中尋求疪護；最後返回原始狀態的社會，在此種社會中沒有活的文明。

　　許多學者如索羅金（P. A. Sorokin）等，不相信史賓格勒和湯恩比的「歷史循環論」，但在它那豐富的史學材料與淵博的論證下，又很難推翻它的理論。

　　史賓格勒與湯恩比都視歷史文化為活生生的有機體，各文化興亡要視其挑戰的回應能力而定；他們也都在精神高空中俯視文化變遷內在的動力，並且不約而同的指出，此中的核心關鍵乃是對人性內在的覺醒──包括對生命意義、生命價值和生命活力的覺醒。此種生命精神發揮到極致，便是一種宗教情操，成為在衰世中力挽狂瀾的不二法門──史賓格勒稱之為二度宗教感（Second Religiosity），湯恩比指為由創造性少數（Creative Minority）來喚醒民眾；他們更是反對馬克斯的歷史唯物論，而均以創造性的生命精神為推進文化動力。

　　史賓格勒和湯恩比的理論，有其相似之處，但也有其不同之處。最主要的不同是：在史賓格勒的理論裡，各文化如同萊布尼茲的單子（Monads），其間沒有任何關係。時、空、

相似性的關係，只是史家從外界觀察到的。對湯恩比而言，這三種關係雖然只是外在關係，卻是文明本身經歷的一部分。不同型態的社會之間，有衍生承繼的關係是湯恩比整個歷史觀的重心。因此，他的理論肯定了歷史的延續性，雖然只有名稱而無實質意義。在史賓格勒的理論裡，淵源流變是不可能產生的。兩種文化之間並無具體的關係。由此可見，自然主義的勝利只影響到湯恩比的基本原則，但卻席捲了史賓格勒的整個理論，並貫穿於每一個細節中。

說來也奇怪，隨著文化形態學而興起的，即是「現代化理論」的研究。研究現代化理論的學者，未必是針對史賓格勒和湯恩比的理論而來。因為其中固然不乏歷史學家，但大部分是政治學家、經濟學家、教育學家、社會學家、心理學家及大眾傳播學家。他們有一共同的目標：就是在為國家的進步、成長、壯大和現代化，尋求理論的架構，並謀解決現代化所產生的困境。此種研究趨向，無異是對史賓格勒和湯恩比所謂的文明的毀損和潰滅，下了一劑醫治的藥帖。

15. 現代化的動力

原來第二次世界大戰之後，美國政府為了協助西歐各國從殘礫廢墟中重建復甦，並幫助亞洲、非洲及拉丁美洲新興國家站穩腳跟，毅然推出馬歇爾計畫。當時由於冷戰方熾，美國瀰漫在一種氛圍中——即貧窮和愚昧是共產主義的溫床，而大力推動國家發展計畫或現代化，可以促進經濟發展，提升國民所得，改善生活品質，這才是降低共產威脅的根本之途。所以在五〇年代，「現代化」的口號響徹雲霄。政治、經濟、

教育、社會、心理及大眾傳播學術界的重鎮，例如白魯恂
（Lucian Pye）、艾沙克斯（Harold Isaacs）、素拉普爾
（Ethiel de Sola Pool）、維納（Myron Weiner）、伍德（Robert Wood）、席爾斯（Edward Shils）、帕森思（Talcott Parsons）、貝拉（Robert N. Bellah）、勒那（Daniel Lerner）、
艾森斯塔（S. N. Eisenstadt）、蓋納（B. Gallner）、康菲諾
（M. Confino）、凱茲（J. Katz）、史麥塞（Neil Smelser）、
羅吉斯（E. M. Rogers）等人，都對現代化的理論與實際，作
了很多的闡釋，而發生重大的影響。

　　另一方面，在現代化的研究中，特別著重於大眾傳播與
現代化之關係的，有幾位先驅者作了開拓墾荒的工作。這些學
者及其代表著作包括：

　　一、勒那（Daniel Lerner, 1958）──《傳統社會的消逝》。

　　二、白魯恂（Lucian Pye, 1963）──《傳播與政治發展》。

　　三、宣偉伯（Wilbur Schramm, 1964）──《大眾媒介與
國家發展》。

　　四、羅氏（Y. V. L. Roa, 1966）──《傳播與發展》。

　　五、貝羅（David Berlo, 1968）──《大眾傳播與國家發
展》。

　　六、羅吉斯（E. M. Rogers, 1969）──《農民的現代化》。

　　七、殷尼斯（Harold A. Innis, 1972）──《帝國與傳播》。

　　在這些學者中，勒那最先奠定了理論基礎，宣偉伯則將
它發揚光大到較廣大政策架構去，而羅吉斯則結合了大眾傳播
媒介與人際傳播在社會變遷過程中的功能，其他學者也都扮演
了催化的作用。

　　勒那提出他的理論體系是相當偶然的。因為在五〇年代

初期，由於東西冷戰方興未艾，哥倫比亞大學應用社會研究所深入中東六國——埃及、伊朗、約旦、敘利亞、黎巴嫩、土耳其，分頭進行六項個別研究，發現美國的媒體在宣傳的戰場上輕易取勝蘇聯。勒那當時只負責土耳其部分，後來他費了很大的工夫，重新分析所有的研究報告，疏解現成的資料，於1958年撰成一部開山巨著——《傳統社會的逍逝》（*The Passing of Traditional Society*），立即聲譽鵲起，被列入「現代化」研究的經典著作之一。

勒那的理論很簡單。他說：

> 「增加工業化便會提高都市化，提高都市化便會提高（人民）讀書識字能力，提高讀書識字能力便會提高媒介的使用，增加媒介的使用便會促進經濟和政治生活的參與。」

勒那甚至認為，大眾傳播媒介是現代人格的「魔術擴散者」（Magic Multiplier），具有非凡的作用。因為媒介是刺激，傳遞「移情能力」（empathy）最好的工具——傳播媒介無遠弗屆，把現代化人格普遍擴散到社會各個階層去。當一個傳統社會裡，具有「移情能力」的人多起來，量變引起質變，這個社會便會開始轉變，傳統逐漸崩潰，邁向現代。

勒拿把社會改變的原動力，稱之為「精神移動性」（psychic mobility），也就是一個人能夠跳出世襲的傳統職位、角色、地位和身分，敢作「非分之想」，活潑的擬想其他職業的角色和地位。這種「精神移動性」也就是「移情能力」。「精神移動性」使個人廣而深的轉變，令社會變遷持續下去。

1964 年，宣偉伯在聯合國教科文組織的贊助下，撰寫

《傳播媒介與國家發展》一書，風行一時，被第三世界決策人士尊奉為國家發展的一部「聖經」。老實說，宣偉伯的實際政策影響，比勒拿有過之而無不及，儘管他的理論架構只是勒拿的延伸。

宣偉伯以為，媒介在國家發展中所扮演的角色，主要有三：一、「媒介可以提供有關國家發展的「資訊」；二、媒介的報導和回饋功能，使民眾有機會參與「決策過程」；三、媒介能「教導必須的技術」。他還詳細說明了媒介能夠直接和間接做的項目。這也說是說，媒介能夠幫助人們改變根深蒂固的態度，行為和價值觀，同時也能幫助做各種教育和訓練工作。

勒那與宣偉伯都將傳播媒介的功能浪漫化。他們只看到媒介的正面功能，而對媒介的負面功能，完全忽略。

1969 年，羅吉斯根據勒那和宣偉伯的理論架構，用統計方法分析了南美洲哥倫比亞五個村莊農民現代化的過程，寫成《農民的現代化：傳播的衝擊力》（*Modernization Among Peasants: The Impact of Communication*）一書，進一步肯定傳播媒介對國家發展的貢獻。

羅吉斯以為，識字力強、教育程度高、社會地位高、年紀輕及具有世界性眼光的農民，使用媒介的程度較高；而農民接觸媒介的程度，也和移情能力、創新精神、政治知識、成就需求、以及對教育與職業的慾望成顯著的正比。也就是說，媒介因素是因果關係之間的變項（intervening variable），媒介一方面受前因的影響，另一方面本身也影響後果。前因與後果之關係正負或強弱，不是直接的，而是透過中間變項顯現出來。

　　現代化是一個持續不斷的社會變化，這個變化，必須轉變個人的心理結構、觀念、態度和行為，才能發生良好的效果。在六〇年代期間，大量的文獻證明，傳播媒介是國家發展的動力或觸媒劑，這是媒介的好處。然而「轉變」的因素很多，非傳播媒介所能單挑重擔。尤其是文化、政治、經濟、社會因素對傳播均有重大具體的影響。不僅此也，傳播媒介在第三世界國家中，多半淪為社會控制工具和保守的力量，很少擔當社會改革的先鋒。聯合國教科文組織曾經支持傳播學者作研究，選在非洲、亞洲、拉丁美洲成立幾個訓練中心，替發展中國家訓練大眾傳播工作人員，準備發揮傳播媒介在國家發展中的功能，可是效果並不理想。這些國家仍在動亂之中，國家意識尚未建立，識字人口雖有增加，但人口大幅膨脹的結果，相對使得「功能性文盲」增加；國民平均所得雖有提高，但國家與國家，富人與窮人之間的所得差距卻愈形擴大。傳播媒介不但沒有帶來正面的功能，反而污染了本國文化。可見國家現代化的進展，是要多方面配合努力的。無怪乎勒那教授不只一次慨嘆的說，傳播媒介在落後地區帶來「日益升高的期望」，但期望未獲滿足，竟然變成「日益升高的挫折」，甚至導致「軍事統治」。放眼落後國家的發展歷史，幾乎無一不是符合這條規則。

　　然而這並不表示傳播媒介在國家發展中，失去其應有的功能，而是有其他的因素存在，干預了媒介的力量。放眼世界，凡是工業化的民主先進國家，大眾傳播媒介就非常活躍，而傳播事業發達的國家，文化水準也當然提高，經濟發展與政治民主，也都朝著一定的方向邁進，這幾乎成為定律。我們看不出有哪個傳播事業發達的國家，是屬於落後國家；也看不出

哪個落後國家，傳播事業是相當發達的，其間的因果關係可說
是相輔相成的。

16. 從殷尼斯・麥克魯漢到塔福勒

　　正當現代化的理論從奠基到鼎盛之時，三位傳播學術界
的怪傑，提出了他們獨特的理論，引起了巨大的震撼。這三位
怪傑是殷尼斯（H.A. Innis）、麥克魯漢（M. McLuhan）、以
及塔福勒（A. Toffler）。他們都以宏觀的氣魄，從高空中俯
瞰傳播對文明發展的影響。

　　殷尼斯是加拿大多倫多學派的開山祖師。他認為傳播媒
介的偏倚性（bias），決定了社會文化的性質。他於 1950 年
發表了《帝國與傳播》（*Empire and Communication*），從西
方文明演進的過程，評估傳播媒介所扮演的角色。他的帝國由
埃及、巴比倫，一直介紹到二十世紀前的社會。他藉由傳播媒
介與帝國的關係，來說明整個西方文明歷史中傳播和經濟，政
治與宗教的交互影響，而歸結到「科技」的發展是歷史文化演
進的變因。而在所有的科技中，又以傳播媒介最為重要。

　　殷尼斯將傳播媒介分為兩類：即時間偏倚（time bias）與
空間偏倚（space bias）。所謂時間偏倚，就是較適宜克服時
間的障礙，較能保存永久的媒介；所謂空間偏倚，就是較易克
服空間的障礙，搬運較易，能夠大量而快速傳布的媒介。「時
間偏倚」的媒介，傾向於塑造神聖，道德和傳統的社會組織和
制度；「空間偏倚」的媒介，則傾向於加速世俗化、科技化
和現代化。

　　在殷尼斯看來，「帝國」可以指制度化的權力體系，也

可以指特殊的國家，原始文化或歷史上的「帝國」。他用「帝國」來形容資本主義下的市場經濟。這些帝國都是當時影響社會結構的權力核心。幾乎所有的帝國希望藉由新技術的發展，封鎖運輸途徑，以擴張自己的控制力。而傳播就是一種思想的傳輸。殷尼斯認為，技術是人類活動的延伸，為生產需要而出現的技術體系與權力中心的政治利益是息息相關的。新傳播科技造成資訊來源分化非常明顯，使「帝國」內部也形成邊陲與權力中心的型態。在加拿大，其權力核心來自美國。美國傳媒的進步，由印刷媒介延伸到電視，加速了權力核心對邊陲的控制力。個人、團體或國家，如果掌握媒介就掌控了權力，在現代社會中，只有具備新知識的菁英分子，才能作理性的選擇；也因為只有媒體和秀異分子，才能提供決策的資訊，造成專家集團操縱民意。所以西方近代史是一部傳播偏倚的歷史，也是一部媒介興起而導引未來的知識控制史。

　　殷尼斯的衣缽傳人，也是加拿大的傳播學者麥克魯漢（M. Mc Luhan），則於 1964 年發表了石破天驚的一部書——《瞭解媒介：人的延伸》（*Understanding Media: The Extension of Man*）。他大膽的指出：二十世紀最大的社會變化就是傳播科技。而真正支配人類歷史文明的正是傳播科技本身，而不是它的內容。

　　麥克魯漢以為，新的傳播媒介一出現，往往使感官的狀態失去平衡，產生變動，而造成時間和空間的變動，塑造人類瞭解環境的新方式，因而觸發社會組織的巨變。

　　麥克魯漢的名言：「媒介就是訊息」（The Medium is the message），但他又詼諧的加了一句：「媒介就是按摩」（The Medium is the massage）。因為新媒介衝擊著人類多種

感官，讓人就像按摩一樣的舒服。這雖是開玩笑的話，但用於說明媒介的長期效果，卻是有其道理的。

依照麥克魯漢的看法，媒介傳情達意的特定方式，乃在於其能改變人的感官的生活——能改變人的所見、所聽、所嗜、和所嗅，因而改變人的「所知」。例如由於工具與語言這些媒介在原始人中發展，乃使原始人的頭腦產生了重大的進展，變得和其他動物大異其趣。人類並不是在成為人類之前，即具有較高級的頭腦，而發展成為知道使用工具和語言的。每一媒介都是「人的延伸」。穴居人的石斧是手的延伸，書是眼的延伸，電子媒介是中央神經系統的延伸。每一項延伸都會使人的五種感官的均衡狀態產生變動——使某一種感官駕凌其他感官之上——因而改變人在接受情報時所感、所想，和他所反應的方式。結果乃產生一個新的環境。所以他說「媒介就是訊息」。這句話的意思是，真正對人類文化產生影響的不是媒介所傳達的訊息，而是媒介本身。以電視為例，對人類生活產生影響的，乃是五彩繽紛的光影這個事實，而不是那光影所傳出的「北非諜影」、「新聞報導」、「大陸尋奇」、「英雄世家」等等。

17.「地球村」的形成

麥克魯漢更強調，由於傳播科技的發達，傳播媒介從四面八方包圍受眾，使人深入參與，帶來「全體移情感與深入知曉感」，例如通訊衛星和其他的高速媒介，縮短了時空距離，把分散的世界重新聚合起來，而成為「地球村」（A Gabal Village）。在「地球村」中，所有的人都是緊密接合，彼此

接觸，牽連在一塊的，全世界就是一個大村莊，真是天涯若比鄰。

　　殷尼斯與麥克魯漢都是傳播科技決定論者，把科技當作「因」，把歷史當作「果」。他們固然特別強調了傳播科技的利用，但卻忽了傳播內容的效果。然而，我們仔細想想，傳播科技的確為我們創造了一個新世界，與人類的現代社會緊密的結合起在一起。

　　這種情形，在人類發展史上，確是劃時代、突破性的進展。尤其自 1957 年蘇聯發射第一顆人造衛星史派尼克（sputnic），1960 年美國發射「回聲一號」（Echo I）以及 1962 年美國發射「電星一號」（Telestas I，美國與歐洲傳送電視節目），1965 年第一枚商用通訊衛星（Early Bird）送入大西洋上空以來，人類真正進入了嶄新文明的第三波時代。一切的一切，無論是物質或精神的，都因新科技的發展，而引起了劇變。

　　「第三波」的名稱是美國社會學家塔福勒（Alvin Toffler）取的，也是他在 1980 年出版的一本名著——《第三波》（The Third Wave）的書名。

　　塔福勒將人類文明的進展，分為三波。這三波各有其特性與時間：

　　第一波——農業革命。起於西元前 8000 年左右。在此之前，大多數人生活在流動的小團體中，以遊牧、漁獵、放牧為主，農業革命開始後，它緩緩的越過整個世界，形成了村莊、部落、耕地以及新的生活方式。今天，第一波已經平息了，只有少數南美和新幾內亞等地的原始民族，仍然未接觸農業，但是第一波的力量大半已經耗盡了。

第二波——**工業革命**。自 1750 年至 1950 年代，第一波失勢，第二波繼之而起，工業革命在歐洲爆發，掀起了第二個全球變化的大波浪。短短幾個世紀裡，改造了歐洲，北美和其他地方的生活，而且繼續蔓延。許多至今日仍以農業為基礎的國家，在努力興建大鋼廠、汽車廠、紡織工廠、鐵路和食品加工廠，工化業的衝力仍然可以感覺得到，第二波的力量還沒有完全耗竭

第三波——**資訊革命**。係以電腦、電子、資訊、生化等為基礎的社會生活。1955 年左右，工業主義在第二次世界大戰後的十年內達到最高峰。這個時期第三波開始出現，電腦、商用噴射機、避孕藥、以及許多具有影響力的新發明風靡一時。依照塔福勒的看法，第三波文明將會拆散我們的家庭，搖撼我們的經濟，癱瘓我們的政治制度，粉碎我們的價值觀，每個人都將受其影響。所有舊權力關係，今日處境危險的領導階層的特權，都將遭到挑戰。

第三波文明包含了高度科技，也包含了反工業化。它帶來了一個嶄新的生活方式，採用多樣化，可以再生的能源，新生產方式淘汰了大多數工廠的裝配線，新式非核心家庭出現，被稱為「電子住宅」的新機構，以及未來完全不同的學校和企業。新文明為我們訂下了新的生活規範，帶領我們超越標準化、同步化、集中化，超越密集的能源、金錢和權力。

第三波新文明也向舊文明挑戰，企圖推翻官僚制度，減輕國家的份量，在後帝國主義的世界裡，建立起半自動化的經濟。新文明需要比今日簡單、有力、民主的政府。新文明有其特有的世界觀，以及處理時間、空間、邏輯、因果的方法。而更重要的，第三波新文明將著手彌補生產者和消費者之間長久

存在的裂痕，促成了明日「產銷合一」的經濟。第三波新文明藉著我們理性的幫助，可以成為歷史上第一個真正人性的文明。

18. 神經傳播學應運而生

總而言之，在第三波新文明的時代裡，資訊以及跟隨資訊而來的知識，將顯得空前的重要。誰控制了資訊，誰就能控制知識的來源，也就能控制財富、控制權力，甚至國家和世界。所以資訊的爭奪戰、間碟戰爆發了，全球進入了權力轉換的新世代。

傳播理論發展至此，可謂登峰造極，氣勢磅礡。如今，隨著認知神經科學的發展，無數的頂尖科學家，已紛紛投入這個領域。而這個領域的重大課題，正是訊息在腦部的傳播過程及其效果。因而神經學與傳播學結合，勢必應運而生，使傳播理論的研究邁向嶄新的里程，這是不言可喻的。

清代史學家趙翼有詩說：「李杜詩篇萬口傳，至今已覺不新鮮；江山代有才人出，各領風騷數百年。」這豈不是傳播學發展的最佳寫照？

附錄

大眾傳播學綱要

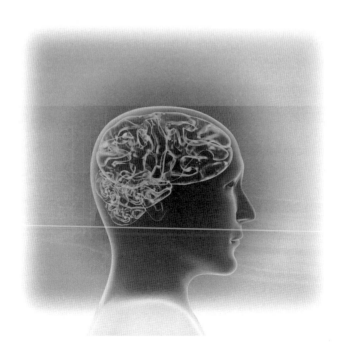

　　這篇大眾傳播學綱要，是 1990 年代我在靜宜大學授課時草擬的，雖然沒有什麼新意，但對傳播學的概念與發展，有其脈絡可循。雖然我已進入神經傳播學的研究，但二十年前的手稿，敝帚自珍，不言可喻。謹附於此，以供參考，並自惕勵。

一、傳播的概念

　　Communication 一字源自拉丁文 Communicare，有 share 及 make common 之意。今解為傳達訊息、觀念及感覺。

二、傳播的過程

　　㈠傳播必須傳者與受者對資訊內容有共同經驗，才能有效。

　　㈡傳播過程如下表：

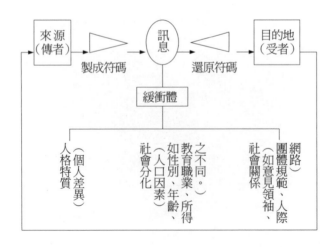

㈢傳播有效的條件

1. 引起注意。

2. 共同經驗。

3. 激發需求。

    Abraham Maslow 謂：人類有⑴生理⑵安全⑶愛與歸屬⑷尊重⑸自我實現；其後又補充⑹知識與理解⑺審美⑻自我超越……等需求

4. 滿足需求的方法。

5. 符合團體規範。

三、傳播的結構與功能

㈠結構部分

1. 每個人都是傳播系統──自我傳播、對人傳播、接受傳播。

2. 宇宙存有三種情境：⑴ Ultimate Reality ⑵ Phenomenal world ⑶ Psychic Reality；傳播實即心理過程。

3. 就小群體而言，個人為一傳播站。

4. 就社會而言，社會為一傳播系統。

5. 媒介系統為社會系統的一環，控制訊息資源──蒐集與創造訊息、處理訊息、傳布訊息等。

6. 大眾傳播媒介為訊息工業，其收支佔國民生產毛額相當部分。

㈡功能部分

1. 守望的功能。傳播媒介提供環境變化、安全或危險，動盪或平靜的資訊，成為個人耳目的延伸。

2. 決策的功能。個人或團體針對環境變化，研判相關資訊，決定採行因應措施。

3. 教師的功能。傳媒提供資訊及知識，具有教育、涵化，及社會化的作用。

4. 商業的功能。傳媒提供經濟活動訊息，促使生產者與消費者掌握市場情況，發揮商業作用。諾貝爾經濟學獎得主史蒂格勒著有「資訊經濟學」，闡釋此等功能，為此一領域的開山巨著。

5. 娛樂的功能。傳媒提供各色各樣的訊息與節目，成為人們日常生活中休閒娛樂的精神食糧。

四、人類傳播的演進

㈠符號與信號傳播時期（35000 年之前）

此時期，憑先天遺傳或本能的反應來傳播，其後利用後天學習並可共認的信號如手勢、姿勢、聲音等，因學習能力進步，傳播系統日益精細。

㈡口頭傳播時期（距今 35000 年前～文字發明）

原始人突然會說話，傳情達意，發展文化，今日語言已有五千多種。

㈢手寫傳播時期（10000 年前開始農業革命，因需要而發明文字）

埃及——4000 B.C.（象形文字）

米索不達米亞——3000 B.C.（楔形文字）

中國——2698 B.C.

腓尼基——1300 B.C.

人類傳播中，手寫新聞以中國為最早：

1. 漢代邸報——自 200B.C.～1643A.D.，為世界報紙之鼻祖。

2. 羅馬時代的每日紀聞（Acta Diurna）——6A.D.。

3. 十五至十七世紀，威尼斯及威洲各國流行手寫新聞。

㈣印刷傳播時期（1450～　）

1. 西元 105 年蔡倫發明紙（秦時蒙恬已造筆）。

2. 450 年（南北朝宋文帝時），中國發明雕版印刷、印佛經。

　　593 年（隋文帝開皇十三年），用雕版印刷、印佛經、佛像均失傳，流傳於世者有：唐玄宗時代（713～755）的開元雜報。唐懿宗時代的金剛經（868 年）。

3. 活版印刷

　⑴1045 年（宋仁宗慶曆年間），中國畢昇發明活字印刷。

　⑵1450 年，德人 Johannes Gutenberg，發明活字印刷，今存者有 1456 年印字的四十二行拉丁文聖經。其後流傳歐洲，美國於 1638 年有印刷機。

　⑶因印刷的發明，世界最早的日報——Lei-pziger Zeitung 來比錫新聞於 1660 年創刊，初為週刊，後改日刊。

㈤大眾傳播時期（1833～　）

1. 1833 年，Benjamin H. Day 在紐約創辦 The Sun，發行二月達二千份，四月達五千份，為當時美國發行

最多報紙。三年後達三萬份，「一分錢報」即大眾
化報紙，自此開始。

2. 1844 年，美國人 S. Morse 發明摩斯密碼電報。

3. 1896 年，義大利人 G. Marconi 發明無線電報，在英
國取得專利。

4. 電話：1874 年，A. G. Bell 發明電話。1877 年，T.
Edison 創製炭素傳話器。1905 年，J. A. Fleming 發明
二極真空管。二年後，美人 Lee De Forest 加為三
極，使無線電話更為清晰。

5. 電影：1893 年，T. Edison 以軟片用於電影照相，在
芝加哥世界博覽會陳列。1895 年，英人 R. W. Pall 用
燈光映照於銀幕上，電影自此發展。

6. 廣播：1906 年，Reginald Fessenden 實驗廣播成功。
1920 年，美國第一家取得營業執照的廣播電臺──
匹茲堡的 KDKA，於 11 月 20 日開始播音。

7. 電視：1930 年，英國廣播公司與 John Baird 合作
（Baird 於 1926 年利用德人 Paul Nipkow 發明的電視
掃描盤，完成了畫面的組合與播送），第一次播出
畫面與聲音結合的電視節目──「口含一朵花的男
士」的舞臺劇，電視時代開始了。

㈥第三波傳播時期（1957～　）

1. 1957 年，蘇聯發射第一顆人造衛星 Sputnic。

2. 1960 年，美國發射 Echo（回聲一號）

3. 1962 年，美國發射電星一號（Telstar I）衛星，從
美國發射節目到歐洲，又從歐洲發射節目傳到美
國，開啟衛星直播電視的新紀元。

4. 1965 年，第一枚商用通訊衛星「晨鳥」（Early Bird）號，送入大西洋上空，世界各國從此利用衛星直播電視節目了。（國際電訊衛星公司 International Telecommunication Satellite Corporation，簡稱 INTELSAT）

5. 1955～1965 年電腦開始盛行，神話成為事實。

五、大眾傳播的效果

㈠微觀的角度

1. 傳播萬能說（魔彈說）

此說認為傳播媒介能像子彈一樣作用在人的身上，效果直接而強勁。1938 年 10 月 30 日的萬聖節，哥倫比亞廣播網播出「火星人入侵記」（The Invasion from Mars），成為這一理論的典範（普林斯頓大學教授 Hadley Cantril, 1940 年著成專書）。1927 年，H. Lasswell 著《*Propaganda Technique in the World War*》，即為此說之鼻祖。

2. 有限效果說──效果約 5%

媒介的力量頂多只能勸服，力量相當有限。因為在傳媒和受眾之間，存有緩衝體（buffers）或過濾器（filters），把媒介的訊息加以解釋、扭曲、壓制。有時傳媒只能加強受眾的「既存立場」，很難改變受眾堅決的態度。此可參看 P. F. Lazarsfeld, B. Berlson, and H. Gaudet: *The People's Choice*, 1944；J. T. Klapper: *The Effect of Mass Communication*, 1960；R.

Bauer: *The obstinate audience*, 1964。以上均為此說的代表。

3. 使用與滿足說

強調受眾如何使用傳媒，以及如何從傳媒中得到滿足。

H. Herzog 研究美國家庭主婦收聽廣播連續劇的動機（1944 年著成專文）以及 B. Berelson 研究受眾無報可讀的心理（1945 年 6 月底，紐約八家報紙派報工人罷工約二週），均為此說的代表。

另有 J. G. Blumler and E. katz: *The Uses of Mass Communication*, 1974，這書也強調此一論點。

4. 創新傳布說

認為傳媒的主要功能之一，就是把新事物，新思想，新學術傳入，使受眾接受採納，進而有實際的行動。Everett M. Rogers: *The Diffusion of Innovations*, 1962. 為其代表；其所著 *Communication and Development,* 1976，更為此說的擴大。

5. 認知失諧論——認知和諧論

知與行必須合一，如果認知與行為矛盾，將促使個人試圖減輕不和諧，以達到和諧。當不和諧存在時，除了試圖減輕外，他將主動的迴避那些可能又增加他不和諧的環境與訊息，但當這種矛盾達到無法忍受時，就形成意見的改變。亦即知與行矛盾時，個人往往主動尋找與行為有關的資訊，特別提高警覺防衛，以防止新的認知增加他的不和諧。此說代表人物為：

Leon Festinger: *A Theory of Cognitive Dissonance*, 1957.

C. Osgood and W. J. Mcquire 並且發展出一種「一致說」的和諧論：A Theory of Congruity，此為傳播選擇性暴露的理論基礎。

6. 資訊理論：

Claude Shannon and Warren Weaver 所倡導。其模式為：

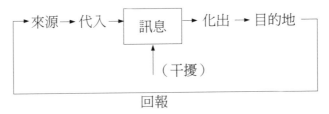

其理論受 Norbert Wiener 的模控學影響很大，理論中強調「平均資訊量」（約二十則新聞），及資訊重複量（未能驗證）。由此亦可知，訊息如果沒有重複，會亂成一團，不但不易學習，也會產生許多錯誤。

7. 交易理論：

強調傳播如果有利，則其模式會不斷使用，如果無效，則會變換其他方法。傳者與受眾都希望從這場「交易」中得到什麼。此說強調訊息為社會資源，亦有其價格。倡導人為哈佛大學 George C. Homans、哥大 peter Blau、華盛頓大學 Richard. M. Emerson。

8. 媒體系統依賴論

M. L. DeFleur and S. Ball-Rokeach 所倡導。他們把社會看做一個有機體，而媒介系統設想為現代社會結構中的重要系統，而與個人，團體組織和其他社會系統，都有相互依賴的關係。媒介系統掌握社會的訊息資源——即蒐集和創造信息的資源，處理訊息的資源，與傳布訊息的資源。此為其他社會系統為達成目標所不可缺者。而媒介系統為達成自身目標，亦須對個人的三大重要目標——理解，定向，娛樂等提供必需的訊息。此說與派深思的理論，相互輝映。

9. 勸服模式

A.墨子提出：明是非，審治亂，明同異，察名實，處利害，決嫌疑。

B.亞里斯多德強調：說話人的品格，論點的證據，反應的環境。

C.卡賴特模式（Dorwin Cartwright）

引發注意→信息的適合性→利害評估→行動決定。

D.賀夫蘭模式（Carl Hovland）

即找出傳播過程中的主變數，然後添入其他有關變數，看看主變數應作何修改，才能達到效果。

傳者→訊息內容→受眾。

㈡宏觀的角度

傳播媒介對於人的社會化過程，發生潛移默化的作用。

1. 李普曼（W. Lippmann）於 1922 年著《民意》一書，強調「外在世界與我們腦中的圖像」的關係。（The world outside and the pictures in our heads）。他認為：個人在處理或吸收新資訊時，一定要參考及核對由媒介訊息所建構的「心像」，此即塑型作用。學者稱之為「心像理論」。

2. 鮑定（Venneth Boulding）提出「知識有機論」（The organic theory of Knowledge, 1956），強調心像受到訊息的衝擊時會產生維持、附加、澄清、重組的現象。故心像是動的。

3. G. Gerbner 提出「培養論」——涵化理論，強調媒介系統不斷的進行選擇，解釋，及塑造個人與團體的形象，因此，不僅是在告知，而且是在形成心像。

4. 議題設定理論（Agenda-setting）

1970 年代興起，由 Bernard C. Cohen 提出，而經 Maxwell. E. McCombs and Donald L. Shaw 予以證實支持。他們強調，傳播媒介的效果，不在於改變個人的態度和行為，而在於為人們建構社會環境。

總之，大眾傳播媒介就像長江，黃河浩蕩的河水，沒有堤防的地方，河水馬上把兩岸的田園（個人心像，認知結構）淹沒了，即使有堤防的地方，也會發生日侵月蝕的作用，至於堅固的堤防，則很難發生作用。除非有其他變數。

後記

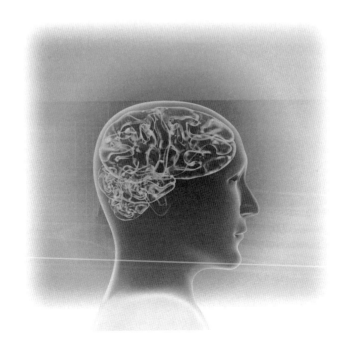

　　從事新聞生涯將近半世紀，如今竟然出版《神經傳播學札記》，許多朋友都覺得很訝異。其實，我是從學術研究啟動，轉向新聞實務，如今又回到學術領域。所謂花開花落，冬去春來，不足為奇。或許這就是「循環論」吧！

　　大學時代本想研究史學，因為我對史學近乎痴迷。但有位師長告訴我，新聞與歷史是分不開的。所謂「今日的新聞，便是明日的歷史」。於是我一頭栽進了政大新聞系、新聞研究所，並赴美國深造，隨即又進入了新聞圈，一晃眼竟已將近五十年。在這期間，我於中央社服務時間最久，從新聞記者做起，到政治外交軍事新聞組長、顧問，長達二十年。其後也曾參與創辦臺灣時報、民眾日報、臺灣日報。1984 年我雖曾到臺灣省政府服務，擔任參議兼編譯室主任、新聞處副處長、代處長，臺灣新生報社長，或是在大學授課，也無一不是與新聞事業有關。

　　在四十多年的新聞生涯中，我幾乎沒有一天離開過書本，尤其是史書。我所謂之史書，不僅止於純歷史。舉凡通史、文學史、哲學史、政治思想史、經濟思想史、心理學史、社會思想史、人類學史，管理學史、以至科學發展史，都在涉獵之列。由於新聞工作牽涉範圍實在太廣，需要有廣博的知識，我總是朝著這個方向努力。我還為自己列了一張精讀的書單，想在浩瀚的學海裡，留下幾許輕痕。

　　過去，梁啟超、胡適之、胡秋原都曾開了一張讀書人的基本書單，美國學者、報人費迪曼，也列了「一生的讀書計劃」一百本。但我反覆思考，認為那分量太重了。學問浩瀚如海，典籍那麼多，而在工商社會裡，職場中人那麼繁忙，怎能有那麼多時間來閱讀呢？因此我也為自己擬了一張基本書

單。這是建立通才之識用的，至於專才，那是專門領域的事。天下之大，學海之廣，學科之細，何人敢論？

　　我自列的精讀書單是：

　　通史方面：房龍著《人類的故事》（中、英並重，英文本好多地方還能背誦，中文則喜吳奚真譯本）、湯恩比的《歷史研究》、威爾斯的《世界史綱》、錢穆的《國史大綱》、柏楊的《中國人史綱》、郭廷以的《近代中國史綱》、郭廷以的《臺灣史事概說》、連橫的《臺灣通史》、以及唐斯博士的《改變歷史的書》（實即近代文明發展史）。

　　政治史方面：《西洋政治思想史》（國立編譯館編）、蕭公權著《中國政治思想史》、鄒文海著《政治學》、曾繁康著《比較憲法》。

　　哲學史方面：馮友蘭著《中國哲學史》、胡適著《中國古代哲學史》、唐君毅著《哲學概論》、方東美著《科學、哲學與人生》、羅素著《西洋哲學史》、威爾‧杜蘭著《西洋哲學故事》。

　　文學史方面：胡雲翼著《中國文學史》、劉大杰著《中國文學發達史》、呂自揚編著《歷代詩詞名句析賞探源》、黃重添、朱雙一等六人合著《臺灣新文學概觀》、黎烈文著《西洋文學史》、約翰坎尼編《世界名著導讀一百本》。

　　經濟思想史方面：海爾布魯諾著《改變歷史的經濟學家》、陶德‧布希霍茲著《經濟大師不死》、中央日報編印的《諾貝爾經濟學獎論文集》、以及薩穆爾遜的《經濟學》（第四版，購于 1961 年）

　　心理學史方面：Morton Hunt 著《心理學的故事》，張春興主編、車文博著《西方心理學史》，羅清旭等著《西方心

理學名著提要》、美國加德納・墨菲與約瑟夫・柯瓦奇著
《近代心理學歷史導引》，P. G. Zimbardo、R. J. Gerrig 合著
《心理學與人生》（有游恆山編譯本：《心理學導論》），
楊國樞主編、梅錦榮著《神經心理學》，S. W. Kuffler、J. G.
Nicholls、 A. R. Martin 等合著，《神經生物學——從神經元
到大腦》，D. Schultz／S. E. Schultz著《人格理論》（丁興祥
校閱、車先蕙、陳正文譯本），柯圖拉克（R. Kotulak）著
《腦力大躍進》（有張玨譯本），S. A. Greenfield 著《大腦小
宇宙》，高德伯著、洪蘭譯《大腦總指揮》。

　　社會思想史方面：龍冠海、張承漢著《西洋社會思想
史》、楊懋春著《中國社會思想史》、孫本文著《社會心理
學》（我很喜愛孫教授的文筆）、蔡文輝著《社會學》、謝
立中主編：《西方社會學名著提要》。

　　管理學發展史方面：彼得・杜拉克著《管理：任務、責
任、實踐》（1974），瓊安・瑪格麗塔著《管理是什麼》
（2003），李鵬、袁霞輝編著《一次讀完二十五本管理學經
典》，孫耀君、管維立等著《西方管理學名著提要》。

　　人類學發展史方面：英國 M. Kennedy 著《考古的歷
史》」、科塔克著《文化人類學》、陳國鈞著《文化人類
學》。

　　傳播學發展史方面：曾虛白編著《中國新聞史》、李瞻
著《世界新聞史》、M. L. DeFleur & S. B. Rokeach 合著《大眾
傳播學理論》、W. Schramm 著《人，訊息與傳媒》、徐佳士
著《大眾傳播理論》、W. Schramm 著《傳播與國家發展》、
D. Lerner 著《傳播與發展》及《傳統社會的消逝》。

　　科學史方面：哈佛大學 Bernard Cohen 著《科學革命

史》、John Horgan 著《科學之終結》、英國劍橋大學 W. C.
Dampier 著《科學史及其與哲學和宗教的關係》、D. E. Brody
兄弟著《發現科學》（此書讓我們對「萬有引力及物理基本原
理」、「原子結構」、「相對論」、「大霹靂及宇宙形
成」、「演化及天擇說」、「細胞及遺傳」、及「DNA 結
構」等七大科學理論的來龍去脈，有基本的了解）。

　　其他：羅貫中的《三國演義》（也看英文譯本，培訓英
語能力）、還珠樓主的《蜀山劍俠傳》（此書卷帙浩繁，經
倪匡改編為《紫青雙劍錄》。這是仙劍奇幻武俠小說，文采高
華，想像力豐富，政治學家薩孟武教授，稱之為「天下第一奇
書」，即使《哈利波特》、《封神榜》、《星際大戰》與之
相比，直是小巫見大巫）；金庸武俠小說選（特別喜愛《射
鵰英雄傳》、《天龍八部》、《鹿鼎集》）；吳敬梓的《儒
林外史》及劉鶚的《老殘遊記》。

　　這六十多本書我都看了再看，四十多年來，只要有空，
信手拈來，就是看幾頁也好。至於延伸閱讀，則隨興之所至，
海闊天空了。

　　在中央社工作那段期間，由於工作需要，我開始研讀經
濟學與經濟思想史。其後又與林鐘雄教授同為華南銀行董事，
每一見面便彼此交換經濟學史的意見。我很喜歡二十世紀五〇
至七〇年代，凱因斯學派與重貨幣學派的激烈辯論，也對兩位
諾貝爾經濟學獎得主傅利曼與薩穆爾森的筆戰，特感興趣。如
今在經濟學的領域裡，我們都是凱因斯學派了，也都是重貨幣
學派了，兩者都被兼容並蓄起來。及至我看了哈佛大學教授熊
彼得的《經濟分析史》，真是嘆為觀止。可惜二十多年來我
始終無法卒讀，因為卷帙實在太浩繁了。

　　有一段時間，我沉迷於「臺灣史」與「現代化」的議題。在這領域裡打轉了大約十多年的時間。也先後完成了《臺灣史話》、《三百年來臺灣作家與作品》、《大眾傳播與現代化》三書。2010 年底則完成了《臺灣春秋》十一本（2000年—2010 年）。而我最喜愛的《臺灣英雄傳》卻只寫了兩本，其餘預定撰寫的八本，雖然史料已經蒐集得差不多，但竟一拖就是二十年，這是很可歎的。然而令我驚奇的是，二十多年前我到哈佛大學訪問時（專門研究大眾傳播與國家發展），看到自己的著作就在哈佛燕京圖書館內，真是如獲至寶。

　　除了看書、寫作、工作之外，這二十多年來，我也喜歡音樂與唱歌。記得有一次，和當時總統府副祕書長邱進益聚餐時，我曾說了一句話：「倡導音樂，可以消除暴戾，培養社會祥和之氣，又可促進記憶力，何樂而不為？」其後不久，我就看到總統府經常舉辦音樂會了，是否跟此事有關，不得而知也未加查證。

　　為了唱歌，我開始學客家話，原住民阿美族話，以及義大利文、法文、德文、俄文。這都是為了唱歌及旅遊之用的，不是為了做學問之用的。所以只要懂得皮毛也就可以了。至於西班牙文、日語和韓語，我在大學與研究所時代，就學了一些，雖是鴉鴉烏，但應付唱歌需要，已綽綽有餘了。這是我從諾貝爾經濟學獎得主賽蒙的傳記裡得來的靈感。賽蒙靠自修學會了他所到過的每一個國家的語言，將近二十種之多。包括中文和歐洲大半的語言（真不知他是怎麼學的？大概是猶太人的特別天賦吧！他不僅精通政治學、數學、經濟學、管理學、心理學、還是認知科學與人工智慧的開山大師；我國史學家與國

學大師陳寅恪，也精通二十多種語文，兩人直可東西輝映）。賽蒙還取了一個中文名字叫「司馬賀」。即使已經學有大成了，他還經常坐在前廊的窗前，背誦外語單字哩。

我比較喜歡的中外著名歌曲，例如日本的〈登越天城〉、〈或許〉、〈即使分離仍然繫念的人〉，韓國版的〈天衣無縫〉，義大利文的〈纜車之行〉、〈偉大的太陽〉（貓王把它改編成英文歌〈It Is Now or Never〉），法文的〈無法了解〉（Je Sais Pas），德文的〈我一定〉（Muss I den這歌貓王改編成英文歌〈Wooden Heart〉），西班牙文的〈再吻我〉（Besame mucho），俄文的〈遙遠的路〉（改編成英文歌即為〈Those Were The Days〉），英文的〈北國尋金記〉、〈日正當中〉、〈巴塞隆納〉、〈第六感生死戀〉，阿美族語的〈漂泊〉、〈阿美迎賓舞〉、〈山地姑娘與少年郎〉，客家語的〈上山採茶〉、〈茶山情歌〉、〈十二月古人〉、以及〈問卜〉等，都能琅琅上口，背誦如流。至於許多國、臺語歌曲，更是不在話下了。

個人的弱點，就是不能專精於一門學問，往往見獵心喜。我在研讀心理學與精神分析學時，竟然一頭又栽進了二十來年，其後又走上認知神經科學的路上去了。半路出家，怎麼會有什麼成果呢？還好，二十多年的研讀，養成了做札記的習慣，竟然累積了二、三十萬字。經過反覆剪裁，去蕪存菁，又增訂這十多年來神經科學新發展的材料，把它跟傳播學結合，而形成今天的《神經傳播學札記》這書。敝帚自珍，自是不言可喻。

這書承蒙臺灣商務印書館答允出版，方鵬程總編輯、葉幗英主編及徐平先生等精心策劃、編校，又承好友張傑、梁慶

封（已自美國太空總署退休）、羅成典、陳光中、王篤學、
沈明來、蔡炎盛、古導賢、王賢德、李萬來、黃金文、王宗
漢、林幸生、李啟源、阮昭雄、阮正雄、李清田、翁家宏、巫
曉天、彭欣予、王應機、林倖一、黃偉全、王金美、畢文弟、
王紹莊、吳政弘、林玲蘭、林宗樺、黃崇沛、康丁（張錫
奎）、石英（林忠平）、王聰豪、洪淑貞、呂火金、吳適
中、程丹如、許國雄、吳志平、吳秀梅、余秀貞等不斷予以鼓
勵，而美娟校閱全書初稿，備極辛勞，都要特別表示感謝之
意。

新萬有文庫

神經傳播學札記

作　者◆邱勝安

發行人◆施嘉明

總編輯◆方鵬程

主編◆葉幗英

責任編輯◆徐平

美術設計◆吳郁婷

出版發行：臺灣商務印書館股份有限公司
台北市重慶南路一段三十七號
電話：(02)2371-3712
讀者服務專線：0800056196
郵撥：0000165-1
網路書店：www.cptw.com.tw
E-mail：ecptw@cptw.com.tw
網址：www.cptw.com.tw

局版北市業字第 993 號
初版一刷：2011 年 7 月
定價：新台幣 290 元

ISBN 978-957-05-2612-7

神經傳播學札記／邱勝安著. 初版 -- 臺北
　市 ： 臺灣商務, 2011.07
　　面 ； 公分. --（新萬有文庫）

　ISBN 978-957-05-2612-7(平裝)

　1. 傳播學　2. 神經學

541.83016　　　　　　　　　　　　100008025

100台北市重慶南路一段37號

臺灣商務印書館 收

對摺寄回，謝謝！

傳統現代　並翼而翔

Flying with the wings of tradtion and modernity.

讀者回函卡

感謝您對本館的支持，為加強對您的服務，請填妥此卡，免付郵資寄回，可隨時收到本館最新出版訊息，及享受各種優惠。

姓名：＿＿＿＿＿＿＿＿＿＿＿＿＿　　性別：□ 男　□ 女

出生日期：＿＿＿＿＿＿年＿＿＿＿＿＿月＿＿＿＿＿＿日

職業：□學生　□公務(含軍警)　□家管　□服務　□金融　□製造
　　　□資訊　□大眾傳播　□自由業　□農漁牧　□退休　□其他

學歷：□高中以下（含高中）□大專　　□研究所（含以上）

地址：＿＿＿＿＿＿＿＿＿＿＿＿＿＿＿＿＿＿＿＿＿＿＿
　　　＿＿＿＿＿＿＿＿＿＿＿＿＿＿＿＿＿＿＿＿＿＿＿

電話：(H) ＿＿＿＿＿＿＿＿＿＿　(O) ＿＿＿＿＿＿＿＿＿

E-mail：＿＿＿＿＿＿＿＿＿＿＿＿＿＿＿＿＿＿＿＿＿

購買書名：＿＿＿＿＿＿＿＿＿＿＿＿＿＿＿＿＿＿＿

您從何處得知本書？

　　□網路　□DM廣告　　□報紙廣告　　□報紙專欄　　□傳單
　　□書店　□親友介紹　□電視廣播　　□雜誌廣告　　□其他

您喜歡閱讀哪一類別的書籍？

　　□哲學・宗教　□藝術・心靈　□人文・科普　□商業・投資
　　□社會・文化　□親子・學習　□生活・休閒　□醫學・養生
　　□文學・小說　□歷史・傳記

您對本書的意見？（A/滿意　B/尚可　C/須改進）

　　內容＿＿＿＿＿編輯＿＿＿＿＿校對＿＿＿＿＿翻譯＿＿＿＿＿
　　封面設計＿＿＿＿＿價格＿＿＿＿＿其他＿＿＿＿＿＿＿＿＿

您的建議：＿＿＿＿＿＿＿＿＿＿＿＿＿＿＿＿＿＿＿

※ 歡迎您隨時至本館網路書店發表書評及留下任何意見

臺灣商務印書館　The Commercial Press, Ltd.

台北市100重慶南路一段三十七號　電話：(02)23115538
讀者服務專線：0800056196　傳真：(02)23710274
郵撥：0000165-1號　E-mail：ecptw@cptw.com.tw
網路書店網址：www.cptw.com.tw　部落格：http://blog.yam.com/ecptw